チームで考える「アイデア会議」──考具 応用編

加藤昌治

CCCメディアハウス

装丁・本文デザイン	轡田昭彦＋坪井朋子
本文写真	牧内裕司
校正	円水社
プロデュース	アップルシード・エージェンシー

チームで考える「アイデア会議」 目次

序章 「いきなり企画会議」から"いい企画"は生まれない
アイデアなくして企画なし。やるべきは「アイデア会議」............ 10

第1章 本当の「アイデア会議」とは何か?
会議は舞台。自分の役を知り、徹底的に演じるべし............ 25

1 アイデア会議の基本要素は? 27
2 アイデア会議の主役はプランナーとディレクター 42
3 第1ステップは「アイデア出し尽くし会議」............ 50
4 第2ステップは「イチ押しアイデア選び出し会議」............ 55

第2章 アイデア会議のゴールデンルールズ
誰にでも覚えられるシンプルなルールこそが、最大のレバレッジを生む............ 61

第3章 プランナーにとってのアイデア会議とは?
考える、考える、考える……自分のアイデアで会議室を埋め尽くせ! ……85

1 会議までにアイデアをたくさん出しておく [云い出しっぺ] の仕事 ……88

2 会議で他人のアイデアをベースにアイデアを増やす [云い換えっぺ] の仕事 ……102

第4章 ディレクターにとってのアイデア会議とは?
考える場を作る、アイデアを増やす、そして自分が決める ……119

1 ルールその1 [持ち寄る] ……65
2 ルールその2 [発言と発言者とを切り離す] ……71
3 ルールその3 [選ぶ] ……78

1 ディレクターの仕事　その1
　アイデアを出し尽くさせる ……………… 124

2 アイデア会議　第1ステップをどう導くか？ ……………… 134

3 ディレクターの仕事　その2
　企画の核となるアイデアを「決める」 ……………… 153

4 コア・アイデアを「アイデア入りの企画」に整えていく ……………… 167

5 ディレクターの仕事　その3
　プランナーを育てる ……………… 175

第5章　アイデア会議の大道具・小道具
云い出し／云い換えを陰で支える裏方たち ……………… 183

1 道具その1「紙」 ……………… 187

2 アイデア会議ならではの「紙の使い方」Tips ……… 192
3 道具その2「机」……… 202
4 アイデア会議ならではの「机の使い方」Tips ……… 204
5 道具その3「ホワイトボード」……… 213
6 アイデア会議ならではの「ホワイトボードの使い方」Tips ……… 216

終 章 「チームでアイデアを考える力」を日本中に！
仕組みがあれば、誰にでもできること ……… 222

あとがき（感謝のことば）……… 229

引用・参考文献 ……… 235

チームで考える「アイデア会議」

序章 「いきなり企画会議」から"いい企画"は生まれない
アイデアなくして企画なし。やるべきは「アイデア会議」

あなたの仕事が何であれ、目の前にある課題を解決し、ビジネスを前進させるのは"いい企画"。種類もレベルもさまざまながら、いずれも自分たちにとっては大事なもの。

商品企画、マーケティング企画、セールスプロモーション企画……といった売り上げや利益を伸ばすことが目的である"外向けの企画"もあれば、人材（今は人財、でしょうか）の採用企画、オフィスレイアウト企画などのマネジメント系、"内向きの企画"もあります。そしてビジネスの根幹にあるのは経営企画。いってみれば、**ビジネスって企画の立案と、その実施の集合**なんですね。だからこそ、今日も世界中のあちこちで「＊＊企画」を考えている人たちがいる。

と同時に「ウチの会社ってさ……いい企画が出てこないんだよね」と悩んでいる方々がたくさんいるのも事実でしょう。御社も企画が出てこない病？　いい企画が欲しい、でも手に入らない……そんな苦悩の声が今日もあちらこちらから聞こえてきそうです。

なぜ、いい企画が出てこないのか？　その理由は簡単。いたって構造的。**「いきなり企画を持って来い会議」をやっているから。それがいい企画の誕生を邪魔している最大の理由です。**

「だって会議するんだから、ちゃんと事前にアジェンダ（議題）作って参加者に配ったし、やることやっているつもりなんだけど……」違うんです、そういう会議の準備がどうこう、ではありません。

「参加者が自由に発言できるように、ブレーンストーミングを取り入れてるよ？」そうじゃないんです、ブレーンストーミングそのものはよくても、それを

11　序章　「いきなり企画会議」から"いい企画"は生まれない

やるタイミングとやり方が悪いんです。

じゃあ何なのか。

わたしの考える、いい企画の条件とは「いい企画には、アイデアが入っている」です。つまり企画には2種類ありまして、「アイデア入りの企画」と「アイデアなしの企画」とが存在します。先週、あなたの机に仕舞い込まれた"ダメ企画"をもう一度読み返してみてください。どうでしょう? その企画にアイデアは入っていますか? 企画の目的や期間、実施場所、実施内容など、企画として成立するために必要な要素は整っていても、その企画の芯となるアイデアがない、あるいはそのアイデアが"ダメ"なんじゃないでしょうか。

つまりあなたは**「この企画に入っているアイデアがつまらない」と本当は感じている気持ちを、「この企画つまらない」と省略して言葉にしてしまっている、**ということなんです。

もう一度振り返ってみて欲しいのですが、今までやってきた「企画会議」は、果たしてアイデアを膨らませたり、拡げてみたりすることをしてきたでしょうか？　会議というよりはプレゼンテーション合戦に過ぎなくて、アイデアがない、または〝アイデアなしの企画〟を説明し合って、そのつまらない中から実施する企画を選別するだけのことだったのではないですか？

「いきなり企画会議」に参加する（参加させられる）、企画を出す側にも問題はあります。企画って、ある程度カタチが整っていて、それなりにちゃんとしているものですから、会議前に書類を作るにも時間がかかります。実現度が不足していれば企画として成立しませんから、あれこれ下調べもしたりする。結構手間がかかるものです。

企画を**企画として整えるための作業に気が向いてしまっているから、価値の源泉たるべきアイデアそのものを十分に考えることをしていない**んですね。本当は大事なそのステップをすっ飛ばして、見た目の体裁に時間を割いてしまう。当然ながら、そんな「アイデアなしの企画」が素敵なはずもありません。ともすれば

「3日後までにもう一度、企画を考えてこい！」なんてことになって、悪循環の逆スパイラルの始まりです。

つまり、「いきなり企画会議」から"いい企画"が生まれにくいのは、企画の芯となるはずのアイデアを考えることをしないのがその理由。だとすれば、**アイデアを考える時間と、それを企画に整える時間をしっかり分けること**がポイントになってくることが見えてきます。

時間配分的にアイデアを考える時間をたっぷりと取るべきです。いいアイデアさえ見つかれば、それを企画に整えるのは、割合に簡単。

先ほどから企画作業には「整える」という単語を当てていますが、極論を申しますと、考えるのではなくて作業する、調べる、調整する……ぐらいなんだと思ってます。それよりも、もっと多くの時間をアイデアを考える、というプロセスに投入したい。企画を作るとは、アイデアを見つけることと踏まえたり、なのです。

では、いいアイデアを見つけるために何が必要なのか……?
それは「**膨大な選択肢**」です。

優れたアイデアにたどり着くためには、呆れるほど数多くの選択肢としてのアイデアを出し、その中から「これだ!」と思えるものだけを選ぶ。このプロセスを通ります。

プロフェッショナルとアマチュアとの違いは「選択肢としてのアイデアの数」じゃないかと思います。**選択肢の多さとアイデアのクオリティとは比例する**、と考えてみてください。

その数はどれくらいだと思いますか?

選択肢を出し尽くすこと＝考え抜くこと。

これまであなたが経験してきた〝会議〟に、これだけの選択肢が登場したことがあったでしょうか？　選択肢を出し尽くすこと、それが「考え抜く」ということなのです。

こうした考え方は、アイデア稼業、企画稼業である人たちにはわりかし普通です。普段はこれが特別なんだと意識することすらありません。「企画を考える」とはほぼイコール「アイデア＝選択肢を考えること」。アイデアが発見されるまで、企画として整える作業には進ませてくれません。

求めるものが経営戦略であれ、明日のデートであれ、今日のお昼ごはんであれ、踏んでいくプロセス、ステップは基本的には同じです。提案するには、企画としての精密さや、それなりの見栄え（！）も必要ですから、アイデアを企画として整えるための時間も使いますが、まずはアイデアという名の選択肢を考える。

「そんなやり方、プロ集団だからできるんだよ」と思われたのなら、それは誤解です。**アイデア（選択肢）→企画**、のステップ構造そのものは業種や規模、課題

の種類を問わずに機能する、ユニバーサルな方法論。人間が集まって企画を考えていく時、アイデアを出すこと、素敵なアイデアを企画として整えていくことは誰でもできる、を2つのステップに分解してプロジェクトを進めていくことは誰でもできる、「いい企画の作り方」です。

それから「最初にアイデアを考えるっていっても……そういうのが得意な人がいないとできないんじゃないの」ともいわれそうなんですが、それも誤解。そんなスーパーアイデアマン/アイデアウーマンの方々が、絶対必要というわけでもありません。普通の、いたって普通の人たちが集まるだけで、実際のビジネスにおいて十二分に通用するアイデアが生まれてくるから大丈夫です。

どんなスーパーアイデアパーソンであろうと、**一人の人間に考えられることには必ず限界があります**。打率10割はやっぱりむずかしい。アイデアの可能性は事実上無制限にありますし、人間には個性があります。スーパーアイデアパーソンが考えるアイデアも、それなりの方向性に限定されているということ。もちろん、

プロフェッショナルであれば〝ヒットゾーン〟を押さえているわけですが、やはりたった一人の人間が生み出せるアイデアには限度があるのです。

実は、この世の中にアイデアは3種類しかありません。

① 「自分に出せたアイデア」
② 「自分にも出せそうで……出せなかったアイデア」
③ 「自分にはまったく想像もつかなかったアイデア」

一人きりでアイデアを考えることは、3つの種類のうちの最初、「自分に出せたアイデア」だけしか手に入れられないことと同義なわけです。これ、結構おそろしいことですよね？

知っていたけど、いえなかったことって意外にたくさんあります。以前ガーンと大きな衝撃を受けたゲームがあります。

「心、のつく漢字を教えてください」というもの。

まずは一人で1分間。白い紙に書き出してみます。いくつ出ますでしょうか。

続いて隣同士で2人組のペアになって、再び1分間。すでにお互いが出せたものを見せ合うと、「あ、あったあった」「お、こんなのあったね」でさらに増える。そして2つのペアを合わせて4人になって、また1分間……。漢字の数は、どんどん増えていきます。だいたい10から15人ぐらいのグループになって、一般的に使われている漢字がほぼ出尽くします。

このゲームからの気づきが2つありました。まずは「知っていたけど、思い出せなかった漢字がいかに多いか」ということ。特に4人組になったあたりで「もうないだろう」と思っていたので、ショックが大きかったです。

そして「**10人以上ではすでにある事実（知っている漢字）ですら出し尽くせる**」という事実。そうです、4人や5人ではすでにある事実（知っている漢字）ですら出し尽くせないのです。わたし自身がこのゲームを初めてやった時の衝撃は、この事実を突きつけられたことでした。

この衝撃は、実際にアイデア出しのワークをしていると常に感じることになります。「一人でやってなくてよかった……」。あなたがプロジェクトのリーダーであっても、あるいはメンバーの立場であった時でも、何度も胸をなで下ろすことになるでしょう。

アイデアとは確かに一人で考えるものです。しかしそれだけではおそらく激しい競争が待ち受けているビジネス社会をスイスイとくぐり抜けていくことは至難の業。いい切ってしまうなら、**一人ひとりが考えたアイデアを集め、チームで考えることをしないといいアイデアは出ない**、のです。

そして、みんなでアイデアを考えることは楽しいこと。自分一人では決してたどり着けなかった素晴らしいアイデアが出てきた瞬間は、何ともいえぬ高揚感があります。時として「ああ、もうじきグッドアイデアが来るぞ」と不思議な予感を感じたりすることもあります。

がんじがらめで結論がほとんど見えてしまっているのなら、会議に出る意味はありません。しゃちほこ張った**職制上の役職や先輩後輩といった人間関係を超え**

て自由闊達に意見を出し、交換し合いながら課題に立ち向かっていく様こそ、まさにチームと呼ぶにふさわしい。だからチームで考える。ベースは個々人にあるのは確かなんですが、チームとして考えた方が強い。予想がつくものから思いも寄らぬものまで、いろんなアイデアが集まってくるからです。ゆえにアイデアを考える時にも「会議」は有効。集まって考えること、ぜひやるべきだと思います。

「いきなり企画会議」はもうやめよう、がわたしの主張。
やるべきは「アイデア会議」です。

そこには「みんなで考えることの愉しさ」があります。ズバ抜けたアイデアマン、アイデアウーマンはいなくてもいい。素敵なアイデアを見つけ、企画にしていくための必修ステップとしての「アイデア会議」。どうです、ここから始めてみませんか？

本当は、いいアイデアが生まれてから、そのアイデアが「アイデア入りの企

画」に固まっていく、詰められていくプロセスが必要です。でも、このアイデアを企画にまとめていく過程、工程は、ある程度のキャリアをお持ちの読者ならお分かりのハズ。ゆえにこの本、アイデアの企画化、についてはバッサリ割愛させていただきました。あしからず。

そのくらい、企画の価値を決めるアイデアを考える、つくるのがむずかしい、ということでもあります。

第1章

本当の「アイデア会議」とは何か？

会議は舞台。自分の役を知り、徹底的に演じるべし

1 アイデア会議の基本要素は?

アイデア会議、と聞いてイメージするのは、まさに侃々諤々(かんかんがくがく)の大議論? 口角泡を飛ばして……かどうかはともかく、かなり活発な意見のやり取り、でしょうか。ただし、それは無礼講の世界ではありません。わーわーと意見をいい合っているように見えても、しっかりとしたカタチがあります。アイデア会議は構造的なんだ、と主張する所以です。あ、そんなにむずかしくありませんよ。あっという間に暗記できますから大丈夫です。さっそく、その要点を簡単にご紹介しましょう。

アイデアを出すために必要な構成要素を、5W（Who, Why, What, Where,

When）でまとめ直すとすると、こんな感じになります。

□Who（参加者）　ディレクター×1名、プランナー×3～5名
□Why（目的）　企画立案にあたって、企画が有する価値の源泉となるアイデア（コア・アイデア）を決める
□What（行動）　コア・アイデアの候補となる「選択肢としてのアイデア」を持ち寄り、集まって出し尽くす［アイデア会議　第1ステップ］
企画へ仕上げるコア・アイデアを選択肢から絞り込む［アイデア会議　第2ステップ］
□Where（場所）　会議室。広めの机を囲むような座席配置に
□When（時間）　第1ステップと第2ステップとを分ける。1回あたり30分～2時間

[アイデア会議の構成要素]

What（行動）
- 第1ステップ：コア・アイデアの候補となる選択肢を出し尽くし
- 第2ステップ：企画へ仕上げるコア・アイデアを選択肢から絞り込む

Where（場所）
- 会議室
- 広めの机を囲むような座席配置に

Who（参加者）
- ディレクター×1名
- プランナー×3〜5名

When（時間）
- 第1ステップと第2ステップとを分ける
- 1回あたり30分〜2時間

Why（目的）
- 企画立案にあたって、企画が有する価値の源泉となるコア・アイデアを決める

「いきなり企画会議」との違いが出ているのは、Who, Why, Whatの3つでしょう。29ページのように5Wを置き直してみると、縦に並んでいる軸ですね。

これは主体、主観の軸。会議の参加者、ゴールとなる目的、その目的を実現するための手法がすっきりと整理されています。この軸がブレてしまうとすべては台なし。何のために集まっているのかがすっかり分からなくなってしまいます。

また、この図はアイデア会議の「仕組み」を示すのであって、いわゆる段取りではありません。前日までにアジェンダ（議題）と資料を参加者全員に配布してあったとしても、議論する中身がアイデアと企画とを混同していたら、まったく意味がない。でもきちんとまとまった風のアジェンダメモなど、見た目の美しさに目がくらんでしまっているケース、意外にあるんじゃないでしょうか？

会議の進行に関するノウハウは、こうした「仕組み」に付随する、いわばサブスキルです。円滑な会議運営のために必要な技ではありますが、それだけでは目的を達成することはできません。もしできたとしても、それは議長役を務める人の卓越した個人技のおかげだったりして……。

誰もにそれを求めるのは厳しいと思います（現状はそうなっている確率が高いのでしょうけれど）。会議そのものの構造がアヤフヤにもかかわらず、それを秀麗な進行スキルでカバーするのはむずかしいことなのです。

だからこその **「仕組み」発想**。仕組みがしっかりしているとは、再現性が高いこと。再現性が高いからこそ、誰にでもできる普遍性、一般性がある。もちろん **その仕組みを理解し、習得するためには、ある程度の練習は必要**でしょう。でも仕事なら当たり前のことですし、そのレベルでなかったら誰にでもできる、とはいえません。

わたしのイメージでは、一輪車でなくて自転車。一輪車に乗れるようになろうとすると、「えっ……」と少々おじけづいてしまいますが、自転車なら「まあ大丈夫かな」の範囲ですよね。人にもよるでしょうが、早い人で1日、長くても1週間から2週間ぐらい？ ちなみにわたしは5歳になった夏の10日間を費やしたおぼろげな記憶がありますが、今となっては「何であんなに苦労したんだろう……？」とちょっと不思議なくらい。**チームでアイデアを考えることは、自転車**

に乗れるようになる程度のことじゃないか、がわたしの持論。それくらいの練習で十分身につけることができるビジネススキルだと思っています。

■Who──参加者の役割を明確に分けることがすべてのスタート

アイデア会議の構成要素として一番初めに言及しておくべきなのは参加者についてです。アイデア会議には参加者に果たして欲しい役割、があります。観るだけの観客は不要です。いいアイデアにたどり着くには、チームメンバー全員のコラボレーションが必要不可欠。やさしく見守ってくださらなくて結構、発言しない人はご退出ください、なんです。

アイデア会議には選択肢としてのアイデアをたくさん考える役割の「プランナー」と、出てきた選択肢アイデアから、チームとしてのイチ押しを決める「ディレクター」の2種類の役割があります。この役割は組織上の上下関係ではなく、機能によって分けているのが特徴です。社長だから決める、課長だから決める、

32

ではなく、**ディレクターだから決める**。

　中小企業では社長が、規模の大きい組織内においては部長や課長といった管理職の方が、結果としてはディレクターになるケースが多くなるとは思いますが、ディレクター自身が自分の機能をどう認識しているか、で会議での態度や発言が変わってきます。人間って面白くて、役割をしっかり自覚できると、その役を演じることができるようになります。人財育成や自己啓発の世界では演劇系のワークショップ手法を取り入れたプログラムがたくさんあります。特にメークアップなどをしなくても、ちゃんと与えられた役柄に成り切れる。
　アイデア会議もちょっとそれに近い感じがあります。ディレクターもプランナーも単なる参加者ではありません。名刺になんと書いてあろうが、アイデア会議ではそれぞれの役割を演じるのがおすすめです。

■Why——企画化作業は後。先に核となるアイデアをチームで発見する

そしてアイデア会議の目的、ゴールイメージこそが「いきなり企画会議」との一番の違いでしょう。

アイデアなくして企画なし、つまらない企画になってしまう原因はその企画を特長づける**コア・アイデア**がない、もしくはコア・アイデアがアヤフヤであることです。一見整っていても、何かパンチが感じられないよな、ってやつです。別角度から云い換えれば、**コア・アイデアさえいいものが見つかれば大丈夫**だ、ということ。ビジネスの現場にある程度の期間、身を置いて企画作業に携わっていれば、企画書に盛り込まれるべき内容や、提案時における各内容の詰め具合は分かっているはずです（違いますか？）。極論ですけども、どんなヘボアイデアでも企画に整えてしまうことはできる。だから「いきなり企画会議」に登場する企画案も、それなりに「らしい」です。その **「らしさ」で自分をごまかしたらモッタイナイ**。「アイデアなしの企画」は不要です。

34

この問題を解決するポイントは一つだけ。企画に整える作業に入る前に、どれほどコア・アイデアを考え抜けるか、だけです。そして**アイデアを考え抜くとは、徹底的にアイデアの量を出して選択肢を拡げること**、そしてその後で絞り込むことです。この「拡散―収束」のモデルはアイデア、発想法の本なら、間違いなく書いてある原理原則です。

……ですが、これができない。

もちろん**慣れは必要**です。慣れるまでには実際にやってみる経験を何度も(残念ながら何度か、ではなく)積む必要があります。習うより慣れよ。誰であってもポテンシャルはあるんですけども、やったことがないからできない。ワークの勘所(かんどころ)がない。それだけなんです。

チームリーダー、プロジェクトリーダーがいきなり「企画を持って来い」と指示するのは、その勘所がないワークを一人でやってこい、と命令しているに等しいわけです。おまえ一人でアイデア拡げてコアになるの見つけて、企画レベルま

35 | 第1章 本当の「アイデア会議」とは何か？

でブラッシュアップしてこいよ。これ、キツイです。2〜3日ではできるわけない。できてもそりゃ、アウトプットのレベルはかなり低いですよね。命令された方も分かっている、あるいは感じている。でも会議は明日だしさ……。悪循環の構造がグルグル回っているだけですよね？

アイデア会議は、**アイデアを考えるステップと企画化作業のステップを切り離し**、個人作業に隠れていたコア・アイデアを考える〝だけ〟のプロセスを顕在化させます。さらに**個人作業をチーム作業に転換**します。ワークのステップを構造的に分解することによって目的を明確にするだけで、結果はだいぶ違うんじゃないですか？

■What——アイデア会議は「拡散と収束」の2段階方式

コア・アイデアを決める、という目的があるからこそ、アイデア会議がやるべきことはシンプルです。**拡散—収束モデルをチームでやる**。それだけです。気をつけるべきは、**拡散と収束とを一緒にやらないこと**。ごっちゃにしてしま

うと、必ず失敗します。ブレーンストーミングをやってもうまく行かないのはここに理由があります。**ブレーンストーミングは拡散のための手法**なんですが、それを理解せずに運用してしまっている。だから拡散しながら収束する失敗が起こる。せっかく出たアイデアを、まだ単なる一つの選択肢でしかないアイデアなのに「それはダメだな」「無理だな」って〝収束〟させてしまう。収束させることはいずれ必要になりますが、タイミングが間違っていると**恐怖のアイデアキラー**になっちゃいます。

アイデア会議では早すぎる収束の罠には落ちたくない。そのためには参加者であるチームの全員が「今、拡げているのか」「絞っているのか」を共有しながら進めていけるとハッピーですよね。具体的にはディレクターが、その舵取りをすることになります。

チームでワークするにもメリット／デメリットがあります。メリットは拡散しやすいこと。一人きりで考えるのとは比較にならないほどの選択肢を手に入れる

ことができます。数え切れないほどの選択肢としてのアイデアが集合しているのはかなりの壮観です。

多くのアイデアが集まるがゆえに、それを絞り込む大変さがデメリット。場合によってはチームの意見が分かれるかもしれない。ディレクターという機能を存在させることの意味でもあります。

アイデア会議では、拡散と収束のプロセスを大きく2つに分けます。前半での「**第1ステップ＝アイデア出し尽くし会議**」、そして後半の「**第2ステップ＝イチ押しアイデア選び出し会議**」。

カタチの仕組み、意図としては、第1ステップではとにかくアイデア、選択肢を出す、出し尽くす。どれだけの数が集まったか、は大事です。「拡散」ですね。拡散していくには、メンバー同士が他人のアイデアに乗じてさらに新しいアイデアを出せるかどうか、がとっても大切です。

いきなりポーンとグッドアイデアが湧いてくるなんてことはありません。グッドアイデアにたどり着く（といういい方がまさにピッタリ）までには、**拡散、ま**

た拡散を繰り返すことに必ずなります。

拡散し尽くしたら、続く第2ステップが企画の核になる〝いいアイデア〟を選ぶ「収束」。「アイデアを拡げる会議」と「拡げたアイデアから、いいものを選び出す会議」の順番がある、ということです。

■Where——アイデアはどこからでも生まれる

アイデア会議の5Wの中で、一番お気楽なのは場所です。普通の会議室で十分。豪華なしつらえである必要はまったくありません。ミーティングの最中はパソコンさえ必要ありません。だからスクリーンやプロジェクターも登場の出番ナシ。強いていうなら、窓があればより嬉しいですけれど密室の中でコンコンとやるのもまたオツなものです。**最低限必要なのは、広めの机と椅子**。さらに**ホワイトボード**があればなおよし。チームが一体感を持てるように、机をぐるりと囲んで座るフォーメーションでアイデア会議を始めるとしましょう。

■When──長時間より回数。提案までの残り時間との戦いでもある

アイデア会議の開催時間は、目安として**30分～2時間**ぐらいじゃないかと思います。集中力が切れてしまったら続けていても仕方ないですから。ただ、前半にあたる「第1ステップ＝アイデア出し尽くし会議」が一度で終わるかどうかはケースバイケース。「これだけ出たら、もう選ぶだけだ」と思えるかどうか。**ロクなアイデアが出てこなかったなら、もう一度、あるいは数度と第1ステップを繰り返すことになるでしょう。**

とはいえ、企画を提案する日程はすでに決まっていたりするでしょうから、ここは時間との戦いです。コア・アイデアを企画として仕上げるための裏取り作業や物理的な企画書作成のための時間もバカになりません。残り時間を計算しつつ、いつまでにコア・アイデアを決めればいいのか。仕事には締め切りが付き物です。プロジェクトリーダーの仕事として、タイムスケジュールのマネジメントはやらなければいけないところでしょうし、チームとしてはそれまでに、いいアイデアをひねり出すことになります。

アイデア会議の構造を司る5つの骨組み。まずは駆け足でWho, Why, What, Where, Whenの各要素について説明をしてみましたが、5Wのタテ軸、主体軸をなす3つの要素については、もう少しだけ詳しくご紹介をさせてください。

2 アイデア会議の主役はプランナーとディレクター

■ プランナーはアイデア(選択肢)を出すのが仕事

あらためて、アイデア会議でチームメンバーがどんな機能を果たすべきなのか、そのアウトラインをはっきりさせていきましょう。

まずはプランナー。アルファベットならPlanner。プラン≠アイデアを考える人、です。カタカナだとなんかカッコつけた感じですが、やるべきことはシンプルこの上なし。与えられたお題を解決するためのアイデアをたくさんいっぱい考えるのが役目です。したがって、プランナーの人数も一名だけ、だとちょっと寂しい(というか多分苦しい)。プロフェッショナルであるならば一人で何役もこ

なせる〝名優〟でありたい、とは思いますが、できるだけ人数は多いに越したことはありません。社内の人間だけに限定する必要もない。とにかく大勢で考えよう、のスタンスです。

そしてアイデア会議に集まるプランナーはできるだけバリエーション豊かな方がいい。**いろんなタイプの人間が集まっている方が、出てくるアイデアに幅があります。**この幅、がとっても大切です。同じようなアイデアがいくつも現れたとしても、多数決で決まる世界ではないのはご承知の通り。**選択肢をいかにして拡げるか、が重要ですから。**

その意味では、プランナー一人ひとりの考えること、各人の世界観や価値観は偏っていても構わない。「そうか、そんな見方があったのか」「その手があったか」……そんな発見が数多くあるとホントに楽しくなります。

解決しなければならない課題にドンピシャな人たちばかりを集める必要もありません。ハワイ旅行に行く人の人数を増加させるための企画を考える場合に、ハ

ワイに一度も行ったことがない人をあえて呼んでみる、的な。「ハワイに行かない理由」って、**ハワイ好きには想像もつかないんじゃないでしょうか。**しかし人数を増やすためには

① ハワイ未経験者に行ってもらう
② すでに行ったことのある人にリピートしてもらう

の2パターンしかない。実は①の方がボリュームも大きくて、実際の効果が期待できる可能性も高いのだとしたら……です。**専門家が集まればいいわけでもないのが不思議ですけど面白いところ**です。

ということで、プランナーはいろんな部署から集めてくるのもいいと思います。例えば出版のシリーズ企画を考えようとするなら編集部だけで考えない、ということ。編集部の人間だけが本づくり、出版マーケティングに関わっているわけではありません。一日平均200冊以上が刊行される出版大国ニッポンですから、目立つ表紙、スッと覚えてもらえるタイトル、適切な価格設定……と本の価値を決める要素はたくさんあります。真面目な話、コア・アイデアになるのが「書店

の店長さんが好きな装丁」な可能性もあるわけです。だとしたら、編集者よりも営業職の方がネタを持っているかもしれません。職種による専門性を軽視するつもりはありませんが、**まったく別の発想（〝飛び道具〟なんていったりします）を求めてメンバー構成を見直してみてはどうでしょうか？**

企業によっては、お客さまモニター制度のように実際のお客さまからご意見を伺う仕組みをお持ちですが、それはお客さまに臨時プランナーになっていただいていることになるわけですね。とすれば、**お客さまやお取引さまからのアンケート**も、**物言わぬプランナー**。中小企業など小さな組織がプランナーを10人集めてくるのは大変かもしれませんが、すでにある仕組みを活用することで、実質的なプランナーとして機能させられることが分かります。諦めるのは、まだ早い。見逃している〝プランナー〟はいないか、ちょっと想像してみてください。

趣味嗜好の差が「ヨコのバリエーション」だとすれば、「タテのバリエーション」も実は大事にしたいところです。なんとなく、アイデアを考えるのは若い人

に限るのではないか……そんな雰囲気がありますが、**プランナーに定年はありません**。むしろ長い人生経験からこそ生まれるアイデアもあるわけなんです。広告業界では何十年にもわたって活躍されている方、たくさんいらっしゃいます。本格的な高齢化社会では、ベテランプランナーが活躍する機会も格段に増えるはずです。失礼ないい方ですが、使わない手はありません！

■**アイデアを決めるのがディレクター**

プランナーがたくさん考えてくれたアイデアの中から、イチ押しを選ぶのがディレクター。Director＝direct＋orですから、ディレクターとは指揮する、決める、判断する人のこと。映画なら監督。「＊＊監督作品」なんてクレジット、映画館ではよく目にします。責任ある役目です。部門部署の長を務めている方がそのままディレクターになるケースも多いと思いますが、それには限りません。

最近は役職名として「ディレクター」となっている方もいますが、アイデア会議におけるディレクターは現実の肩書きとは別、です。念のため。

アイデア会議におけるディレクターは、目の前に集まったバリエーションある選択肢としてのアイデアのそれぞれについて、**そのアイデアが持っている可能性や将来性を見抜き、軸にするコア・アイデアを選ぶ**のがメインの仕事になるでしょう。選ぶ、といっても自分の好き嫌いだけではなく、提案先にとっての最適解は何か、をきちんと判断する必要があるでしょうから、かなりシビアな判断を要求されます。ちょっと大げさですがディレクターの判断が、その組織や企業の意見として外に出ていくことになるわけですから。判断するに当たってはそれなりの経験、あるいは立場も必要になると思います。

ディレクターとしていい判断をしようと思ったら、いい選択肢が（できればいくつも）欲しくなる。これも道理です。その選択肢を考えるのはプランナーを務めるチームメンバーの仕事であるわけなんですが、時には陳腐なアイデアしか集まってこないケースもあります。「この中から選んでも……きっとダメだ」の場合。そうならないようにアイデア会議自体を仕向けていくのもディレクターの仕

事です。会議室を確保したり、事前にアジェンダを送ったり……といった作業とはまったく別次元での「仕切り」といいましょうか。

いろいろタイプはあってもプランナーをはじめとするスタッフやクライアントから尊敬され、一目置かれているディレクターはやっぱりすごい。短い時間で、ズバリと判断。あるいは「次までに××の領域でもっとアイデアを出してこい」と指示を出します。そしてその結果がまたいい線をちゃんとついていたりしてなるほど、と思う。凄腕ディレクターですね。

同様に**経営者もディレクターそのもの**です。自身が選択肢を出す役、つまりプランナーを務める場合もあるでしょうが、多くの場合、経営とは判断の連続。判断を誤れば、会社が傾いてしまいます。わたしには実感も湧きませんが、ウン千億円の投資案件を決める瞬間なんて、どんな気分なんでしょうか？

それから、非常に苦しい状況の中たった一人でアイデアを考えなければならない時もあると思います。プランナー兼ディレクター、の状態。ピンチはピンチで

すが、焦りは禁物。やっぱりこんなケースでもプランナーとディレクターは別の役割ですから、分けるのがセオリー。一番簡単なのは、**時間を置いて、演じ分ける方法**。例えば今日はプランナーでひたすらアイデアを出すことに終始して、そのまま寝る。翌朝起きたら、今度はディレクターとして冷静に前日のアイデアを検討する、といった具合。両方の役割を同時に果たそうとすると、うまく行かないことが多いです。

3 第1ステップは「アイデア出し尽くし会議」
「選択肢」を事前に準備＋会議の場で出し尽くす

プランナーとディレクターが揃ったら、いよいよアイデア会議のスタートです。

まずは、の第1ステップが「アイデア出し尽くし会議」。アイデアという名の選択肢を、できる限り数多く出すために集まります。選ぶための選択肢は、多ければ多い方がいい。会議室に5人が集まって、出てきた案が全部で7つ、ではちょっと寂し過ぎます。ですよね？

どのくらいの数が適切なのか。特にルールはありません。ありませんが、一つの目安は、**プランナー一人あたり10案ちょい**。**5人で60アイデアぐらいは最低欲**しいなと思います。プロの世界だともうちょっと増えて、一人で20から30ぐらいでしょうか。

課題の種類が何であれ、求めるアイデアについては、クライアントの状況や、課題の性質にもよると思います。全国で事業を展開されるような企業に対しての提案を準備しているのなら、やはり数が欲しくなる。御社のライバル会社も質の高い活動を行っているでしょうし、それだけレベルの高いアイデアが求められているからです。ちょっとやそっとではなかなか突破できません。

といって、スケールの小さい案件なら10案あれば十分か、というとそんなこともなくて。数は一つの目安に過ぎませんが、プランナーの意気込みとしては、できる限り多くのアイデアを持ち寄るのがお勧めです。アイデアの出し過ぎで怒られる人はいないはず……です。

「アイデア出し尽くし会議」においてとっても重要なことがあります。**プランナーは事前にアイデアを考えて、紙に描いておくこと**です。みんな忙しいのは重々承知なのですが、集まる前にアイデアを考えて、紙に描いて持ち寄る。ある意味「宿題」ですね。

わざわざ紙に描いてもらう最大の理由は、数多くのアイデアを短時間で検討で

きること。会議の時間を効率的に使うための知恵です。一人ずつ10案を口頭で発表していたら、あっという間に1時間ぐらい経ってしまいます。これでは本末転倒。だって、**アイデアを出し合うことと、発表することはまったく別のこと**。そもそも50案も聞かされても全然覚えられません！

しかし紙に落としておいてくれたら、1枚あたり数秒で理解できる。同じ時間内により多くのアイデアを検討することが可能になります。

そして、持ち寄られた宿題アイデアをベースにして、さらにアイデアをみんなで増やしていく。いわゆるブレーンストーミングのイメージです。この時押さえておかなければいけないのは、**まだ選択肢としてのアイデアを出しているだけ**ということ。選択肢に過ぎないのですから、選ばれるかどうかを判断するのは後回しでOK。とにかく出すことに専念したい。

しかしここがむずかしいのです。**気がついたらアイデアの批判合戦**になっていたりします。ブレーンストーミングが崩壊する瞬間、です。そんな状態に陥ってしまう理由はいつでも同じです。何らかのアイデアが出た時点で「**すぐ選ぼうと**

してしまう失敗」になってしまうこと、そして「下らないことを口にしてはいけない、という不文律ルールの失敗」の2つなんですね。

アイデア会議を前後のステップに分けているのは、この2つの失敗を回避したいから。アイデア出し尽くし会議は、云い換えればアイデア・ア・イ・デ・ア・をいうだけ会議なわけです。選ぶのはその次のステップ。次にいくらでもダメ出しできるから後でね、ということです。「えー、そのアイデア違うよ」といいたい気持ち、よく分かります。でももうちょっとだけ我慢して、と。

同様に「**アイデア思いついちゃったけど、あまりに下らなすぎてこんなこといえない**」と思うプランナーの気持ちを解除するのも骨の折れる作業です。我慢しないでいいよ、大丈夫、いっちゃおう! なんですが、まあ……普通いいにくいですよね。基本的には回数を重ねていくことで、下らない発言やアイデアに対する免疫 (というんでしょうか) をつけて、慣れていくこと。もう一つは下らないことを含めて、アイデアの数を出すことです。アイデアパーソン、と呼ばれる人でも、アイデア会議に持ち寄るアイデアの「下らない率」は意外に (?) 高いで

53 | 第1章 本当の「アイデア会議」とは何か?

す。わたし個人の〝打率〟は0・5割ぐらい。つまり20案あって、「これイイかも?」と自分で思えるアイデアは1つ。2つあったら「おお―今日は調子いいな―」ですし、3つあったら「ヤバい、運を使い果たしてしまうかも……」と逆の意味で不安になります。そのくらい**アイデアのヒット率は低いです。つまりほとんどが下らない**。それでも何とかやっていけてますから、大丈夫なんですよ!

4 第2ステップは「イチ押しアイデア選び出し会議」
出し尽くした選択肢から筋がよくて面白い、に絞り込む

第1ステップでのやり取りを経て、いい感じにアイデアがたくさん出てきたら、いよいよ後半へ。どのアイデアが、課題を解決するための最適解なのか。議論を通じて選び出していきます。その場にいる全員が「これだ！ 決まり！」と全会一致できるアイデアがあれば、もう本当にラッキー。なんですが、まあそういうことはほとんどありません。どの案にも長所短所がありますし、よくも悪くも一長一短……要は意見が分かれることになります。

だからこそ、の判断者＝ディレクターの出番。プランナーにとっては、自分の出したアイデアはやっぱりかわいくって「絶対これがいいですよ」というかもし

れない。あるいは「どれも同じぐらいにいいよね……先方には5案出しますか?」と、これまた無茶なことをいってくる。

ビジネスに100%の正解はないですから、当然どの案にもいくばくかの課題**解決につながる真実はあるんだ**と思います。同じく、提案相手のお好みもあるでしょう。時には一番いいだろうと思える案と、先方の情況とがズレていて、イチ押しで提案するにはちょっと躊躇してしまうようなことも十分ありえます。そういう諸々の環境を含めて、誰かが判断をしないといけないわけです。自分の選ばなかったアイデアの中に当たりがあったらどうしよう? なんて迷い始めたらきりがない。**最終的には自分の判断を信じる**ことになります。ハードな状況ですが、これがディレクターの仕事です。

おそらく会議の場に出てきているアイデアはまだまだ粗削りのままで、企画に整えられた時の完成形にはほど遠いはずです。その原型にしかすぎない。まだ企画にまで達していないアイデアを見たところで、**最後の仕上がり具合を想像でき**

るのもディレクターが備えておきたい能力になるでしょう。経験の少ない方だとアイデアを見たままの状態で判断してしまって、そのアイデアが持つ秘めた可能性を素通りしてしまうこともあります。

さらにいえば、そのアイデア会議で本当にすべてを出し尽くしたのか、という疑問もあります。論理的に1％の余地もなくアイデアを出し尽くすのは無理なこと。あくまで人間が限られた時間の中でやることなので、出し尽くしたといっても厳密にいえばそれは嘘で、当然ながら、まだ気がついていないポイント、ジャンルもずいぶん残っているのが事実だと思います。その隙間が見えて、かつ「まだアイデアを出せるな」と感じる時はあります。プランナーたちがまだ全力を出し尽くしていない、あるいは、ダイヤモンドが隠れている鉱脈に気がついていない……。

「**もう一度、考えてみようよ**」ディレクターだけが発することのできる一言。プランナーとしては自分なりに一生懸命考えてきた（つもり）ですから、え、マジ？……って感じでちょっとショック。でもいいアイデアが出なければ、最後の

勝利もないのですから、ここは断行、でしょうね。やっぱり企画の核となるだけの、アイデアを考えるのはそう簡単ではありませんから。

ちなみに、第1ステップと第2ステップが一度ずつ行われてハイ、スッキリ！なんてことはなかなかないかもしれません。前半戦のステップを何回か繰り返すのが普通です。ですから最終的には数百にのぼるボツ案の山、が築かれることもあります。プランナーとしてもなかなか「これは行ける！」と自分で思えるアイデアにぶつからない時もよくあります。「もう一丁」といわれて（悔しいんですが）仕方ないな……みたいな。どこで判断のステップに入るのか、それはまさにディレクターが決めることになります。

アイデアを拡げるだけの、拡散の第1ステップと、コア・アイデアを選び出す収束の第2ステップ。アイデア会議は構造的にはこの2つのステップを踏んでいくことになるのですが、現実のアイデア作りの現場では、そうスッキリと分けられないのも事実です。

58

例えば、3つの案を企画として提案しようとディレクターが想定している場合。全ての案が一度に決まるとは考えていなくて、ステップを繰り返すごとに一つずつ、のべ3回転で企画書まで持っていくだけのアイデアがそろうだろう、とディレクターが読んでいたりします。

あるいは、最初のアイデア会議では有望な予感。もっと可能性を深掘りしてみようとさらなるアイデア出しを指示してみたものの、どうもイマイチ。また振り出しに戻ってみよう……なケース。

これは致し方ないことだ、と思います。アイデアや企画を考えるのは非定形型、研究開発型のワークです。どれほど緻密に工程を組んでスケジュールを管理しようとしても、いいものが出てこない限り前には進めない。

ディレクターとしては時間の許す限りいつまでも考えていたい。しかし企画を提出しなければいけない日は迫っています。アイデア会議は時間との勝負でもあるのです。

そこまで苦労して考え抜いたアイデア、企画が必ず勝つのか？ 残念ながらそんなことはありません。「これしかないだろう！」と自信満々だった企画でも、やっぱり外してしまうことはあります。

それはチームの人選、プランナーのアイデア不足、ディレクターの判断ミスにその複合と、理由はそれぞれあるでしょう。しかし勝つにせよ負けるにせよ、**チームの代表としての責任はディレクターにあります。**

アイデアを出し尽くして、選ぶ。会議に参加するメンバーの役割の自覚と機能を果たすこと、そして拡散と収束のステージをしっかりとコントロールすること。たったこれだけのことですが、奥深い。ただ、誰にでもできることと思ってます。ウチらは烏合の衆？ とんでもない。あなたのチームで十分できます。三人寄れば文殊の知恵。いいアイデアを目指して燃えるチームと、燃えるアイデア会議は神々しく美しい、のです。

第2章

アイデア会議のゴールデンルールズ

誰にでも覚えられるシンプルなルールこそが、
最大のレバレッジを生む

第1章ではアイデア会議の仕組み、構造を整理しました。拡散と収束のステップを踏みながら、コア・アイデアをチームとして見つけることがアイデア会議の目的であり、成果です。ただ、仕組みは仕組みでしかなく、**実際にどのように運用される**かでアウトプットの質が大きく変わってきます。アイデアに近いことでいうなら、ブレーンストーミングという仕組みを知っていても、誰かがアイデアキラーになってしまうことで台なしになってしまう失敗です。

アイデア会議を上手に回していくためのルールはいたってシンプル。覚えられないルールでは意味がありません。ディレクターであれ、プランナーであれ、アイデア会議に参加するチームメンバー**全員がルールを知ること**で、あなたのアイデア会議は**さらにパワーを発揮**します。その成果は？　いうまでもありません。

［アイデア会議のゴールデンルールズ］

ルール1
持ち寄る（手ぶら禁止）

ルール2
発言と発言者とを切り離す

ルール3
選ぶ

1 ルールその1 「持ち寄る」

■アイデア会議は「手ぶら禁止」

アイデア会議は「手ぶら禁止」です。前章でも触れた通り、プランナーはとにかく紙に描いて持ってくるのが役目。アイデア会議は**「持ち寄る」**場なのです。

持ってきたアイデアが会議の中でぶつかり合います。ちなみに、広告会社ではよく「打ち合わせ」という言葉が使われます。集まった人たちがお互いに何かを打って、合わせる。打ち合わせ、という言葉には参加者であるプランナーにアイデアを持ってくることを要請している響きがあるな、と思います。当然ながら、社内であろうが社外であろうが、**打ち合わせは手ぶら禁止**。何でもいいから、とに

かく何かを考えて、紙にして持ってくるのがプランナーの基本です。

そして個人が考えたアイデアを持ち寄ることが、アイデア会議の密度をグッと高めます。下準備、ウォームアップ済みの人たちが集まるわけですから、話が早いし、反応がいい。アイデア会議では、他人の案に乗っかることも必要になりますが、自分が何もアイデアを出せていなかったりすると、やっぱりノリも悪くなる。同じ時間でも濃さがかなり変わってくる実感があります。

■**アイデア会議は対決の場ではない**

そして「持ち寄る」は「案を比べる」ともまた違う行為になります。ここでいう比べるって、説明から一歩進んで説得する感覚なんですが、実はこれ**対決の構図**。聞いている人に対してイエス／ノーの選択を迫る感じが出てきてしまいます。ある程度のちなみに「いきなり企画会議」は対決のモードになりやすいです。ある程度の完成度を持った企画が複数出てきた時は、どれを選択するのか、"最終"判断が

求められがち。企画同士の対決、勝った負けたの世界になりがちです。

ところがアイデアを持ち寄る時点では、まだ対決する段階には達していません。出てくるのは生まれたてホヤホヤのアイデア。まだ海のものとも山のものともつかないヨチヨチ歩きの赤ん坊です。「**アイデアは、とてもか弱い存在だ。まだ最初から否定するつもりであれこれと難クセをつけてアイデアを潰してしまうのはいたって簡単なこと**。アイデアキラーの活躍できる危険性が常に存在しています。
」
あくびに抹殺され、皮肉の刃にかかり、冷たい表情に死ぬほど驚かされる」（チャールズ・ブロウ）といわれているほど。持ち寄られるアイデアは相手を説得するどころか、とりあえず描いてみましたレベルのものだらけです。

というわけで、**アイデア会議に寄せられた「アイデア」はハッキリいって企画として成立していません**。つまりまだ穴だらけですから、真っ正面から突っ込まれてもポンポンとは返せない。まだそこまで細部が詰められてないからです。だ

そんな不毛な対決モードはアイデア会議、特に第1ステップでは絶対に排除したい。だから説得モードでアイデアを説明する必要はありません。「オレは絶対この案がいいと思います!!」なんて激しく迫りたいほどのお気に入りアイデアもありますが、熱く持ち寄る、がしつこい売り込みになってはいけない。持ち寄るアイデアにはそれなりの自信、自負心はあって欲しいのですが、プランナーはプランナーであって、セールスマンではありませんから。

アイデアは、もっとお気楽に出すものであるべきなんです。

ということで、**アイデアってご披露する、ぐらいの感覚がいいと思います**。ディレクターとしてはメンバーにそうお願いをしてください。生まれたての赤ん坊アイデアです。そっとやさしくその場に置いてあげましょう。

■「アイデアのヒント」を持ち寄ってもいい

ディレクターから出された課題という宿題への回答を、アイデアにして持ち寄

る、のがプランナーの基本ではありますが、時には「どうしても思いつかない」「アイデア数が足りない」ってこともあります。他業務でのトラブルや個人的な事情があって、当初予定していた考える時間を奪われてしまうこともあるでしょう。

そんな時はどうするか。わたしなら「**アイデアのヒント**」を持っていきます。具体的には最近自分が気になってメモを取っていたこと、ニュースで知って「へえ、そうなんだ」と記憶に残ったこと。いわゆるトリビアでもいいと思います。苦肉の策ながら。

「映画『ホテルR』に当初日本上映の予定はなかった」
「駅前の□□通りにある書店のPOPが面白かった」

そんなノリ。プランナーとしての感度が反応した世の中の事実ですね。あるいは、出された宿題や提案相手のクライアントに関する、ちょっといい話。

「B社の社長は××が好き」
「W市△△中学校には、なぜか落語全集がそろっていた」……などなど。

ルが大きくある必要はありません。ただ、その1枚が誰かがアイデアを発想するためのヒントになればいい。アイデアスケッチが出せないかわりの「アイデアのヒントメモ」です。

え、そんなの？　って感じられるでしょうか。あくまでメモですから、スケー

そのメモを持ち寄った時には「すいません、時間がなくて……」程度の前置き（お詫び）だけして、あとは堂々とご披露してください。聞いてくれた中で一人でも「へえ」と頷いてくれたならまずは成功。意外とお役立ちメモになれます。

このやり方、新米プランナーにも実はお勧め。「アイデア」と「アイデアのヒント」とを混ぜながら、まずは**数を出して、持ち寄って、みんなに披露する**。そのサイクルをカラダで覚えていくトレーニングにもなりますから。

2 ルールその2 「発言と発言者とを切り離す」

■アイデア会議では話し合ってはいけない⁉

逆説的な表現になってしまいますが、実は重要。これこそアイデア会議を成功させる最大のコツです。アイデア会議では「慣れるまで、相手の目をじっと見ながら**話し合ってはいけない！**」と思っています。

心理学的にどう説明できるのかは分からないのですが、わたしたちは「発言自体と、その発言をした人間を分けて考えること」が苦手です。

例えば会議の席上、上司である部長がいった発言に対してやや批判的な質問を

したとしましょう。

わたし「部長、それは間違いで、△△なんじゃないですか？」

発言しているわたしは「部長が間違っているんじゃなくて、部長の発言が間違っている」と思っているわけで、発言内容もそうなっています。

しかし。そういわれた部長さんは「こいつ、オレを間違いだといっているな？」と勘違いなのか、早とちりか、とにかく曲解して、**自分自身が否定されたように感じてしまう**のです。さらに、わたし自身もいつの間にか「部長はホントに分かってないよな……」なんて気分になってしまう。

当初の意図は発言そのものの是非だったはずなのが、**いつの間にか発言者の評価にすり替わってしまう**んですね。この不幸なやり取りが始まってしまうと本当に悲惨です。会議自体はもちろんシーンとしてしまうでしょうし、後味も悪い。その揚げ句に……といいことがありません。

このリスクはアイデア会議でも同様です。発言と発言者を混同してしまうと、アイデア会議はうまく行かない、という不思議な現象が起こるのです。

ただ、これは解消できる問題ではあります。まずは**アイデア（≠発言）の数を増やすこと**。あるプロジェクトでプランナー役の部長が「オレは一案しか出さない」では困ってしまうのですが、10や20もアイデアを出していたら、よくも悪くも玉石混交（ぎょくせきこんこう）。なんたってアイデアの打率は低くて当然ですから。つまらないのもありますし、それは本人も自覚できる。また大量のアイデアを集めることには、発言者が誰だったかを消してしまう効果もあります。たくさんあると、「どれが誰のか」はよく分からなくなりますからね。

それから**慣れ**。発言する方も、それを聞く方も、「発言と発言者とは別なんだ」をカラダで理解できるようになってくると、お互いに気にならなくなってきます。その領域にまで達すると、上司（でもその場では一人のプランナー）に対して「それ、つまんないスね」なんて平気でいうようになったりして。まあ現実的には謙譲語やら尊敬語を駆使しつつ、「このアイデア、つまらないかもしれないです」「それってつまらないってことか？」「は、はい……」「だよなー」ぐら

い意思疎通ができたらいいですね。

■ **発言と発言者とを物理的に切り離す**

アイデア会議では、発言者が社長であろうと誰であろうと、ダメなアイデアはダメ。**純粋にアイデア至上主義であるべき**です。偉い人がいったから採用、では誰のためにもなりません。

そこでアイデア会議のルールその2「発言と発言者とを切り離す」が有効に機能するわけです。向かい合って話しながら議論をすること自体が、ややもすると対決の構造を呼びかねない。「部長のアイデア」に意見しているつもりで「部長本人」に向かって意見する、その物理的な位置関係が発言と発言者とを混同させる、ということです。でも部長のアイデアが"音"のままになっていたら、まさに部長の肉体から出てくるわけですから、切り離しようがないのも事実です。

ところが、その部長のアイデアが1枚の紙になっていたらどうでしょう？ こ

れは**発言と発言者とが物理的に切り離された状態**です。このやり方だと聞く方も意外に冷静。部長本人を見ることなく、アイデアについてコメントできる。自分自身も第三者的にアイデアを見ながらコメントを聞いていますから、「確かに、あなたのいう通りだね、ちょっと足りないね」と納得しやすい。人数が少なかったりすれば、アイデアを見て、それが誰が描いたアイデアかは分かったりしますけれども、視線がズレるだけでもかなり違います。アイデアをアイデアとして純粋に見ることができるようになります。

アイデア会議の場で出てきた新しいアイデアも、すぐに紙にしてしまうといいですね。自分で描いてもいいし、誰か書記役がサラサラっと描いてもいいです。あるいはホワイトボードを上手に使ってみるのもお勧めです。

アイデア会議はアイデア至上主義。その成功の秘訣は発言と発言者とを物理的に切り離すことにあるのです。このルール、サイズの小さい組織内で会議をする時には特に効きます。机の上が紙になったアイデアであふれると、もうテキメンです。

■ 視線をそろえるとうまく行く

発言と発言者とはすぐに切り離してしまいましょう。例えば出てきたアイデアをみんなランダムに机の上に並べる。あるいは部屋の壁に貼って一様に眺めるようにしてみる。

こうなると自分のアイデア自体はバラバラに貼られるし、アイデアの数が多ければどれが誰のやら、まるで分からなくなってしまいます。

発言と発言者とは完全に切り離されていますし、さらに距離もありますからとてもクールに、純粋にアイデアのみを検討することができるようになります。面白いことに、いつもは自分の意見にはこだわるタイプの人が「これ、ないね」って自分が描いたスケッチをすぐに脇に寄せたり、なんてことが起こったりするんです。アイデア会議としては理想の状態ですね。

そこまで参加メンバーを"第三者化"できる秘密は「全員の視線を同じ方向に向ける」ことにあるのでは、と思っています。科学的には上手に解説ができない

ながら、おそらくそうだろうと。昔「これは、と思う相手を接待するなら、バーのカウンターに行け」と教わりましたが、同じことなんでしょうね。同じ方向にカラダも視線もそろえることで、親近感、仲間感が増幅されるのではないか。
アイデア会議なら、全員で机を見る、あるいは全員で壁を見る。みんなで見る、を概念だけでなく物理的な状態に工夫してみてください。い・い・感じになれると思います。

3 ルールその3「選ぶ」

■ アイデアの合体、が果たしてベストなのか？

ルール1、およびルール2では、**できる限り「対決モード」を回避すること**を目的としていました。それによって、チームメンバーが目にし、検討できる選択肢の数を増やし、アイデアをアイデアとしてスムーズに議論する環境を作ることができるからです。

最後のルール3だけは、やや様相を違えます。最終的にアイデアは「選ぶ」ものなのです。これは主にアイデア会議第2ステップでのルールになります。第1

ステップでは各アイデアについて判断をせずに、選択肢をどこまで拡げられるかを追求する拡散の時間。第2ステップは、いよいよコアになるアイデアを選び出す段階ですから、絞る、捨てる、選択する、の世界に様変わりします。

この時、捨てるのが惜しいばかりに他の案と合体させて生き残りを図ろうとするパターンがありますが、これは止めた方がいい。イイトコドリした**「あれもこれも」なアイデアはかえって個性を失ってしまいます。**

アイデアを絞り込む、とは選ぶことであり、捨てること。正解は誰にも分からないし、こちらの判断が相手に受け入れられるかどうかも分からない。さらに目の前にあるアイデアはどれも素敵に見えて、確かに甲乙つけがたい……。アイデア会議はそんな〝接戦〞の連続でしょうが、ここはぐっと我慢。アイデアのトンガリ具合を大事にしながら、イチ押しアイデアを選んでいくべきなのです。

全員賛成のアイデアが本当によいかどうかも分かりませんし、2案しか提案できないのに、3つの有力候補が最後まで残っているケースもたくさんあります。

保守的な相手に対してアヴァンギャルドな提案だけをぶつけてみよう、も立派な戦略。ある程度のクオリティを確保できていたなら、その中から選ぶのは、提案までのゴールイメージが描けているディレクターのお仕事です。

■合議制？　それとも独裁？

チームで考えている、といいながら最終的なアイデアを選ぶのがディレクターの仕事です（上司であろうとなかろうと）。あまり自分の意志を立てないで、みんなの意見で決めたいと思う性格をお持ちのディレクターもいるでしょう。確かに合議と独裁、その線引きは微妙です。チームメンバーからも嫌われたくないですし……。

ただ、企画提案というタイプの仕事においては「**意見は十分に聞くけれど、ディレクターが自ら判断する**」やり方がベストなのではないか、と思います。
と考える理由は、提案相手に関する情報量の違いです。何かの企画を考えるにあたっては数名からのプランナーがアイデア出しを担当することになりますが、

80

社内外を問わず提案相手と直接話した経験のあるプランナーはほとんどいないことがあります。普段チームを代表して先方との折衝を行っているのはディレクター役の人であることが多い。ですから相手の顔や雰囲気、ひいては社風といった直接接していないと分からない情報（すなわち判断材料）を持っていることになります。大人の判断、といってしまうと語弊があるかもしれませんが、総合的なジャッジメントを下せるのは、実はディレクターだけだ、ともいえるわけです。

その一方でプランナーからの意見も貴重です。彼らはクライアント情報は少なくても、その分、世の中や社会、消費者の情報を持っているからです。しかも複数のプランナーが集まっているならば十人十色、さまざまな角度からの情報が入る。こうした「世の中尺度」も判断材料として大切にしたいです。クライアントばかり見ていたがゆえのおべんちゃら企画ほど悲しいものはありませんから。一日に与えられた時間は24時間。その限られた時間をクライアントのために使っていたり、世の中のために使っていたり。それは個々人によって、置かれた事情によってバラバラなわけですが、そのバラバラなメンバーがチームとして集まるこ

とで、また一つになる。集合知、チームで作業することのベネフィットですね。

つくづく、個人の限界を感じてしまいます。

いいアイデアとは、世の中尺度／提案先尺度のバランスの上にある。その両方を受け取ることができる立場がディレクターなのだ、と再解釈するならば、やっぱり最後はディレクター次第でしょう、と思います。

■選択肢は十分か？

いわずもがなですが、選ぶためには母体となる選択肢が必要です。それもいいものを選び出したかったら、選択肢は多ければ多い方がいい。3つの中から一つを選ぶのと、100から選ぶのとでは全然違います。

両者の結論がたまたま同じアイデアになったとしても、抱えているバックグラウンド＝選択肢のボリュームと結論にいたるまでのプロセスが断然違いますから、最終的にまとまった「アイデア入りの企画」が持つ迫力も変わってくると思います。当然多くのライバルを押さえて選ばれたアイデアはやっぱり強いです。チー

ムとして考え尽くしたかどうか。相手にもそれとなく伝わるものです。

考え尽くした感があるかどうか。はチームの結論にとって大きな影響を与えます。クライアントへのプレゼンテーション、その後の質疑応答の時間に「それで、△△△あたりは当然検討されての本日のご提案なんですよね？」よく聞かれる質問です。

コア・アイデアを選び出す過程でその議論ができていたならスラスラとよどみなく返事ができるでしょうが、もしも見落としていたら「え、ええ……もちろんです」の冷や汗演技。結果はともあれ、ディレクターとしてはワークデザイン上のミステイク。検討するべき選択肢が不足していたことを反省です。

残念ながら、想定しうるすべてのアイデアをカバーすることはまず不可能です。時間的制約もあるし、プランナーのメンバー構成上、出てきにくいアイデアであります。新商品発売キャンペーンが起用タレント勝負になった時、「あれだけ考えたのに、なぜかメンバーから名前が出てこなかった人選」で負けちゃった、

のような。

コアとなるアイデアを絞り込んでいくプロセスは、個人的なイメージでは将棋を指すことに近いかな、と思います。定跡があって、その上で珍しい手もあって、さらに試合では相手との呼吸を見計らっての奇手がある。定跡を知らないでは話になりませんし、奇手の部類についても他棋士の対戦から情報を得ておいて、記憶の中で選択肢として持っておく。そこまで拡げた選択肢を含めて、目の前に出現した新しい局面を打開するために最適と判断する一手を打つ。

ビジネスの企画、そのためのアイデアの場合なら、せめて定跡は確実に押さえておきたい。さらにいえば、選ぶのに困るぐらいアイデア、つまり選択肢があふれかえっている状態に持っていきたいですよね。

プランナーにとってのアイデア会議とは？

考える、考える、考える……自分のアイデアで会議室を埋め尽くせ！

第3章

自分のアイデアが企画となり、世の中に出ていく時。プランナーとして無上のうれしさを感じる瞬間です。そのうれしさは何かをやった、やり遂げた……という自分自身への誇らしさと同時に、**自分の中から出てきた何かが、誰かの気持ちを動かしたり、その人たちの生活をちょっとだけでも素敵にできたりした**、という喜びです。このうれしさを一度知ってしまったら、ちょっと抜けられない気がします。ずっとプランナーであり続けたい！　という気持ち。

でも、と話は続きます。そんなうれしさを感じるためには、乗り越えなきゃいけないハードルがたくさんあります。考える、考える、考える……考えるのがとにかく仕事。アタマとカラダを動かし続けなければ、愉しいことになりません。そんな愉快なプランナーにとってのアイデア会議とは、剣術道場での試合のようなものかもしれません。道場には他流から剣の使い手もやってきます。その中で自分を鍛えていく。試合の場数を重ねれば重ねるだけ、失敗を繰り返しつつも上達していきます。**アイデア会議という道場のお作法**とは何でしょうか？

1 会議までにアイデアをたくさん出しておく ［云い出しっぺ］の仕事

■プランナーが［云い出しっぺ］にならないと始まらない！

プランナーにとってはアイデア会議前が勝負どころだ、と思います。ですよね、アイデアを考えるのが商売なのに手ぶらで行ったら叱られます。会議の前、どこでもいいですからちゃんと考える時間を作る。そして**最低10案、できればそれ以上のアイデアを考え**、会議に持ち寄り、ご披露する。これは［云い出しっぺ］というプランナーであるあなたが果たすべき役割、機能です。結局どんなものであれ、アイデアは誰か個人の頭からしか出てきません。誰かが云い出さないと、始まらない。だから［云い出しっぺ］。アイデア会議に備えてあれこれ考える、とまらない。

は「云い出し」を用意していく、ということでもある。
いいアイデアが出せたら、その**アイデアは成長をして**
いきます。途中でいろんな人の意見をもらったり、あるいはさまざまな制約を乗り越えることでアイデアはその個性が磨かれ、魅力をどんどん増していく。その過程とは、ある意味、自分の手を離れていくことでもあります。だけれども、輝く魅力の源泉はどこまでいっても「云い出しっぺ」のもの。その栄誉は、自分が始めなければいつまで経ってもやってはこない。「あの企画、おまえがいい出したんだよな」っていわれたら、うれしいですよ。そのチャンスをみすみす逃してしまいますか? もったいない! やっぱり考える、そして「云い出しっぺ」になることが、プランナー冥利に尽きるんです。

■**考える、とは紙に描くこと!**

さて。じゃあ考えるぞ、と思う。端的にいって、**考える、とは紙に描くこと**です。〈考える〉と書いて、〈紙に描く〉と読む。それぐらいイコールの関係です。

89 第3章 プランナーにとってのアイデア会議とは?

実はここまで、アイデアを「書く」ではなく「描く」と記述してきました。アイデアって、描く、ドローするものなんです。絵画でいわゆるスケッチをする際、ラフな線を数多く描いたりする、あの感覚。いきなり1つに決めるのではなく、ちょっとの違いを大切にしながら、何本も線を引くようにアイデアを描く。そんな思いも含めてアイデアは「スケッチ」する。描いてみてください。あ、別に本当の"絵"である必要はまったくありません。文字でOK。それが「アイデアスケッチ」です。

紙に描かれてないことは、ないと一緒である、と真剣に思ってます。描く時は恥ずかしがらずに、大きく描くのがお勧めです。**A4かB5、サイズはそのくらいの大きさの紙1枚に、1案だけ描いてみる**（この本では「アイデアスケッチ」と呼びます）。だから10案なら10枚、30案なら30枚のアイデアスケッチをアイデア会議に持ち込んでみてください。

本当はアイデアの質が問われるのが本筋なんですが、量もまた大事。**質は量が生む**。とするならば、量を出せないヤツに質が高いものが出せるのか？もし出

90

せたとしてもそれはまぐれに過ぎないのではないか？　と考えたい。プロのプランナーは、プロ野球選手もそうなんでしょうが、コンスタントに結果を出すために、どこかで素振り練習をしているんですね。プランナーにとっての素振りとは、まさにアイデアを描くことに他なりません。

この作業段階で気をつけたいことが２つほど。まずは「アイデア」をあまり細かく作り込まないでおく、ということ。えっ、どういうことですか？　と聞かれそうですね。前提を今一度確認すると、今プランナーが考えなければいけないのは企画の核になるアイデアの選択肢をたくさん出すこと、でした。ポイントになるのは、**まだ企画まで詰まってなくていい、むしろ詰めすぎはＮＧなんだ**、ということ。「いきなり企画会議」癖がついてしまっていたりすると、ついつい細かいところまで（"描く"を越えて）書き込みそうになります。この時点ではまだラフなアイデアがいい。スケッチです。

ひょっとすると、アイデアスケッチの段階でパソコンを使うことは止めた方がいいかもしれないですね。パソコンでラフなスケッチを作る、って実は慣れが必

要です。なぜか分かりませんが、気がついたら必要以上に描き（書き）過ぎてしまっていたりして。今欲しいのはエッセンスだけが描かれているスケッチの枚数ですから、手描きの方がスピーディかもしれませんね。

　もう一つは、**会議に持ち込むアイデアのレベル設定を上げすぎないこと**。打率、低くてOKです。おそらく大抵の方々が基準が高すぎるんじゃないでしょうか（「心のハードル」なんて呼んでます）。下らないもの、馬鹿馬鹿しいもの、アホらしいもの……どれもあなたのアイデアです。捨てるにはまだ早い。心のハードルをぐっと下げて、知らんぷりしてアイデア会議へ出してみてください。

　下らないアイデアの効能ってあるんです。笑いが取れたら場も和みます。愉しいアイデア会議のムードメーカーになれたら、一見下らなくてもそれはグッドアイデアです。また、自分では下らないと思っていても、他のメンバーから評価されるアイデア、実はたくさんあります。自分では寸詰まりだとしても、他人のインスピレーションをドカンと触発させる一枚だったりすることもよくあります。アイデア（スケッチ）に無駄はナシ。何がいつ役に立つか分かりません。とに

かく、自分勝手にアイデアを出さないのはかえってチームのためにならないのだと知っていてください。

■ **これが「アイデアスケッチ」！**

94ページを見てください。アイデアスケッチのサンプルイメージです。わたしがお伝えしたい「アイデア描き込みレベル」と「下らなさ」の感覚を掴んでもらえるでしょうか？　この程度なら、自分にも描けるよ、と自信を持ってもらうとうれしいのですが。

この例は出版企画、それもロングセラーを狙ったシリーズものを考えよう、というお題を宿題として集まってきたアイデアスケッチです。「どこがロングセラーやねん？」と思ったあなた、多分正解です（！）。それから「これでシリーズになるの？」と直感してしまったあなたも……正しい。まあ冷静になってみるなら、ほとんどが〝使えないアイデア〟でしょうね。

でも、と続けさせてください。これこそがアイデア会議です。この、まだ訳の

・エッセンスだけでOK。とにかく枚数を描く!

・分・か・ら・な・い・混・沌・と・し・た・状・況・か・ら・す・べ・て・が・始・ま・る・。あなたがディレクターだったら「おお……また下らないのが集まってきたな……」とニンマリしてください。さあどうしてやろうか、と悩むぐらいでちょうどいいかもです。

繰り返しになりますが、そのアイデア自体は何でもなかったとしても、その1案が、誰かのアタマに火をつけることがあります。「お、そう来たか……だったら……」いつの間にか泉のようにアイデアが湧いてきたこと、経験ありませんか？　自分が下らない、つまらないと思っていても隣のプランナーには意味があるかもしれない。アイデア会議を俯瞰して見れば、あなたがその1案を出さなかったことで埋もれてしまったアイデアがある、その方が悔しいわけですよ。だから、出す。**迷ったら、出す。思いついてしまったアイデアを出さないことは罪な**のだ、と思って欲しいくらいです。

じゃあ、アイデアってどう考えたらいいの？　アイデアを考えるとは何をどうすることなのか。ホントにいろんな考え方や方法があります。どれがいいともい

95　第3章　プランナーにとってのアイデア会議とは？

えません。自分に合った方法が見つかればそれがベスト。手引き書となるいい本もたくさんあります。『アイデアの作り方』（ジェームス・ウェブ・ヤング著）、『アイデアのヒント』（ジャック・フォスター著）、『スウェーデン式アイデア・ブック』（フレドリック・ヘレーン著）、『アイデア・バイブル』（マイケル・マハルコ著）、ついでに拙著の『考具』『発想法の使い方』も追加させてください。あれこれと実際に試しながら自分なりの技を見つけて、体得してもらえればそれでOK。発想法はあくまで道具。使う人との相性が（残念ながら）あります。手間はかかりますが、アレコレ試していただくのが結局は〝急がば回れ〟の近道です。

■ **アイデアは「わがまま」でいい！**

「云い出しっぺ」であるプランナー、すなわちあなた自身が描くアイデアは、とにかく「わがまま」であって欲しいと思ってます。わがままとは、我が・まま。課題に対する自分の意見、自分が好きと信じる解決策を、自信をもって描くこと。ビジネス上のアイデアと構えてしまうと、どうしてなんでしょうか、ついつい

"当てにいく"感じになりがちです。「だって、自分はアーティストじゃないんだから、好き勝手なアイデアを出している場合じゃないでしょう?」って。

確かにアーティストではないのですが、アーティスト気分? はあってもいい、です。自分の思うところを素直に、アイデアスケッチとして描いてください。

と、申し上げてもなかなかそうもいきません、と。けれどもです。最終的にプランナーは「わがまま」にならざるを得なくなります。なぜか。それは「選択肢としてのアイデアをたくさん出さないといけないから」です。

2つや3つならいいんですが、10や20や、と出さなければいけないアイデアの数が増えてくると、もう通りいっぺんのアイデアだけでは足りなくなってきます。苦し紛れも含めて、数を出すためには自分自身の経験や体験、記憶から生まれてくるアイデアを出さざるを得ません。

でもそれでいいんです。すべてのアイデアは、必ず個人から始まります。その時点で、パーセンテージはともかく、そのアイデアを考えた人の意思、意志、思

いが混じり込んでいます。混じっていること自体は良くも悪くもありません。それはそれで1つの選択肢としてのアイデアです。

そして、そのアイデア会議に参加している他のプランナーやディレクターをはじめとして、「好いわがまま」なんです。賛同者が増えていく、わがまま。最初はあなた一人のわがままだったかもしれませんが、それがチームのわがままになる。社長が了承してくれたら、会社のわがままになる。お客さまから支持を頂戴できたら、「みんなのわがまま」になっていきます。

あらためて、どんな商品でもかまいませんが、いわゆる「ヒット物語」を読んでみてください。やっぱり最初は「わたし」がスタート。ただ、最初から最後まで一人きりではありません。途中の過程では理解を得られなかったり、相手にされなかったり……という波瀾万丈はありながらも、最終的には「みんなのわがまま」になる。

CCCメディアハウスの新刊

madame FIGARO BOOKS

ユーミンとフランスの秘密の関係

「フィガロジャポン」の人気連載「アンシャンテ ユーミン！」が書籍になりました。原田マハやスプツニ子！、野崎歓との対談などに大幅加筆、旅取材のオフショットも初お目見えです。
松任谷由実　　　　　　　　　　●本体2500円／ISBN978-4-484-17202-6

チームで考える「アイデア会議」 考具 応用編

チームで考える方法、知っていますか？
一人では、ベストにならない。「思いつき」を「選りすぐりの企画」に育てる仕組み、教えます。
加藤昌治　　　　　　　　　　●予価本体1500円／ISBN978-4-484-17203-3

アイデアはどこからやってくるのか 考具 基礎編

考えるための基礎力、持っていますか？
我流では、勝負にならない。アイデアが湧き出すアタマとカラダのつくり方、教えます。
加藤昌治　　　　　　　　　　●予価本体1500円／ISBN978-4-484-17204-0

考具

好評既刊 36刷

考えるための道具、持っていますか？
簡単にアイデアが集まる！ 拡がる！ 企画としてカタチになる！
そんなツールの使い方、教えます。
加藤昌治　　　　　　　　　　●本体1500円／ISBN978-4-484-03205-4

※定価には別途税が加算されます。

CCCメディアハウス 〒153-8541 東京都目黒区目黒1-24-12 ☎03(5436)5721
http://books.cccmh.co.jp　f/cccmh.books　@cccmh_books

CCCメディアハウスの新刊

貧乏は必ず治る。

貧乏は、生活習慣病だった!? 自己破産寸前から、経済的自由を築きつつある著者が見つけた、「いつもお金がない」から抜け出す処方箋とは。

桜川真一 　　●予価本体1500円／ISBN978-4-484-17201-9

花と草木の歳時記 新装版

野草を食卓に並べ、草花を部屋に飾る。自然の息吹を肌で感じ、四季の訪れと寄り添う、鎌倉の日常を名随筆で味わう。いまの時代だからこそ、生きるヒントとしたい名著。

甘糟幸子 　　●予価本体1500円／ISBN978-4-484-17209-5

イスラム教徒の頭の中
アラブ人と日本人、何が違って何が同じ?

交渉事、恋愛・結婚・離婚、宗教……彼らはどんな考え方をしているのだろう?
吉村先生が見た、アラブ社会の本当のところ。

吉村作治 　　●予価本体1500円／ISBN978-4-484-17208-0

世界を変える「デザイン」の誕生
シリコンバレーと工業デザインの歴史

世界中のデザイナーたちが「工業デザインの聖地」シリコンバレーを目指したのはなぜか。デザインコンサルティング会社ＩＤＥＯ所属の著者がひもとく、工業デザインの歴史。

バリー・M・カッツ 著／高増春代 訳　　●本体2600円／ISBN978-4-484-17101-2

※定価には別途税が加算されます。

CCCメディアハウス 〒153-8541 東京都目黒区目黒1-24-12 ☎03(5436)5721
http://books.cccmh.co.jp ■/cccmh.books ■@cccmh_books

そして、これまた不思議なことに、邪なわがまま、は必ず途中でダメになります。自分の私腹を肥やそう、なんてアイデアだったり、課題を解決することにつながってない、独りよがりのアイデアには、誰も応援をしてくれません。それも含めて、チームが持つ社会性、倫理観を信頼してください。**ダメなものはダメになることを信頼できたら、最初は思い切って、わがままに。**それこそが、本当のグッドアイデアにたどり着くための秘訣なんじゃないかな？　とマジメに思っています。

■**個性的なプランナーになる！**

そんなこんなで、アタマを絞って「わがまま」なアイデアを考えるんですが、アイデアって本当に不思議なもので、自分があれだけ考えて、考えて……もう出ないと思っているのに、他のチームメンバーはさらっと違うアイデアを出してきます。残念ながら、自分一人だけではどう頑張ってもすべてのアイデアを網羅することはできません。

繰り返しになりますが、この世の中にアイデアは3種類しかありません。

① 「自分に出せたアイデア」
② 「自分にも出せそうで……出せなかったアイデア」
③ 「自分にはまったく想像もつかなかったアイデア」

これだけ。そして③もさることながら、②の「悔しい」「やられた!」と、見せられてハッとするアイデアをどれだけ出せるかが勝負、です。

アイデアを出す側、プランナーとしての成長シナリオを描くなら、①を増やして②と③とを減らす。特に②を上手に出せるようになると、「優秀なプランナーだね」っていわれると思います。

ハナから認めてしまうのも癪ですが、やっぱり限界はあります、現実として。けれど、そこで止まっている必要もない。野心的なプランナーが「オレが100案出して、他のヤツらの分を全部カバーしてやる」なんて息巻くのもありでしょうが、他人とアイデアがダブってしまうよりは、一つも重ならないで見事にバラ

100

バラだった方がアイデア会議としてはがぜん面白くなる。

プランナーが自らを鍛えるとは、自分の個性を活かした強いジャンルを持つことです。ジャンルは何でもいいと思います。日本のことでもいいし、外国のことでもいい。妙に細かいことに詳しい人もいますよね。カブトムシの生態、とか。それ、いつ役に立つんだ……？ そんなことでもOK、と断言します。結果として、**自分だけしか出せないアイデアがあるかどうか**、がプランナーの個性のあるなしを決めるのです。

だって結局アイデアは個人の頭の中から出てきたものが出発点。**最初からいって個人的なもの**ですから。採用されるかどうかを考えるのはディレクターの仕事。そこは任せて、自分らしさが存分に含まれたアイデアをたくさん出して欲しいと思います。ど真ん中の直球アイデアだけではなく変化球も交えつつ、自分なりのピッチングを組み立てる感じでしょうか。

アイデアを選ぶ側であるディレクターが期待しているのもそういうこと。プランナーが自分の個性を最大限に活かしながら、一つでも多くのアイデアを考えてくれることなんです。

2 会議で他人のアイデアをベースにアイデアを増やす［云い換えっぺ］の仕事

■「云い換える」技でアイデアをブラッシュアップする！

アイデアは持ち寄って終わり、ではありません。その後にとても愉しい時間が待っています。あなたが作ったアイデアスケッチ（ちゃんと紙に描きましたよね？）は、まずもって玉石混交でしょう。アイデアのいいところ、が描ききれていないことも多いと思います。

パッと他のメンバーが描いたアイデアスケッチを見て「お、これなんかいいな。引っ掛かるな」と感じても、じゃあそのまま採用！　までにはまだ距離がある。いわゆる「もうちょっと変えてみると、よくなる予感がする」状態。つまり、ア

イデア会議に持ち寄られた各アイデアという原石は、何かしらの方法で研磨されるのを待っている。他人のアイデアを磨くのもプランナーの仕事です。ピンとくるこのアイデア、どうしたらもっとピンピンくるようになるのか。それを考えるのもまた、プランナーにとっての重要な仕事というわけです。カッコよくいえば「共創」とか「創発」。砕けていえば「わいわい・がやがや」。広告業界なら「揉む」なんていいます。

アイデアを磨くのは、いわゆる"ダメ出し"をするのとは、まったく正反対のワークです。ダメを出すのは、そりゃ簡単。否定するのは誰にでもできる。ではなくて、その**アイデアのよいところ、可能性のあるところをもっと明確にしてあげる**。アイデアの核心部をハッキリスッキリさせるために、そのアイデアを説明する言葉を他の言葉と置換する、入れ換えてみると巧くいくことがあります。

この言葉の入れ換え機能を**「云い換える」**と呼んでいます。アイデアを考えることの基本は描くこと、すなわち云い出すことですが、それに一つ付け加えまし

ょう。アイデア会議のプランナーには［云い換えっぺ］の役も果たしてもらうことになります。［云い出しっぺ］と合わせて一人二役です。

云い換えることで何が変わるのか。具体的に、アイデアスケッチに使われている言葉を、**違う言葉、単語やフレーズに置換**してみます。ズラしてみる、といってもいい。長いものを短くしたり、その反対だったり。あるいは日本語を英語にしてみたり。似たような概念なんだけれども、言葉を置き換えることで、ハッキリさせてみる。そして、ある言葉、すなわちアイデアを構成する要素がもう少しハッキリさせてみる。そして、ある言葉、すなわちアイデアを構成する要素が「云い換え」られたアイデアは、すでに別のアイデア、選択肢であるともいえるでしょう。アイデアはスケッチするもの。ちょっとの違いが大違い。つまり「云い換える」技を使うことで他人のアイデアをベースにしてアイデアを新しくつくり出すことができる。これは否定でもパクリでもなく、選択肢を増やしていくクリエイティブなワークです。

手元にある**国語辞典か類語辞典**を開いてみてください。意味がほぼ同じながら、

104

違う言葉が載っています。国語辞典なら項目の最後に、類語辞典なら横に並んでいます。云い出しっぺのアイデアスケッチに使われている言葉を他の言葉に置き換えてみるのが、ベーシックな云い換えです。

アイデアスケッチを見ながら感じた「近い感覚の言葉／概念」を云い換え候補として、口に出してみること、具体的にアウトプットしてみることで気づきが得られます。とにかくどんどん出す。もちろん、新しくスケッチとして紙に落とすのも大アリです。

　云い換え前：アグレッシブさを感じる
　云い換え後：ジャンプするような勢いのある

日本語に限らず言語ってそうだと思うんですが、単語によって微妙なニュアンスの違いがあります。「仲間」「友達」「チームメイト」。要するに、とまとめてしまったら、3つとも同じ説明ができるでしょうけれど、単語を聞いた瞬間にわき起こるイメージはそれぞれちょっとずつ違うはずです。アイデアを云い換えてい

［アイデアを云い換える］

・似たような言葉でもちょっとの違いが大違い！
・アイデアスケッチに描き足していくのもGood！

[云い換えの可能性]

・意味が離れても構わず云い換える
　＝新しいアイデアをつくることになる！
・云い換えてみて初めて気づくことがある！

く時にはその**微差を大事にしたい**。アイデアを考えている段階では、1度から2度ぐらいしかなかったはずの角度差であっても、それが最終的な実施企画まで落とし込まれていったころには、大きな開きになっているはずです。

前記の云い換え例をCM企画に当てはめる場合なら、「アグレッシブさ」を出発点にキャスティングしていったCMタレントと、「ジャンプするような」からのそれでは人選がまるで変わってしまうと思いませんか？　わたしだったら「ジャンプするような」からなら、水泳の飛び込み競技選手を起用したらどうだろう？　と一瞬想像（これまた云い換え、ですね）します。

同じ表現が重要な事業経営企画に使われていくとしたらどうなるか。「アグレッシブさ」と「ジャンプする」では、目標として掲げる初年度の売上目標値がまるで違ってくるんじゃないでしょうか？

アグレッシブとジャンプ、どちらの言葉（に代表されるコンセプト）を当てはめた方が、そのアイデアのいいところがハッキリするのか。アイデアスケッチを見た瞬間に感じたい・い・感・じを言葉の云い換えによって確・か・な・感触に磨き上げてい

108

くのです。

実は［云い出しっぺ］プランナーも、アイデアスケッチをスラスラっと描いてみた時点で、確固たるイメージが結べていないこともあります。「アグレッシブというか、ジャンプというか……とにかく前向きな感じ」ぐらいでとりあえず「アグレッシブ」と描いている。その**モヤモヤ感をもう少しすっきりさせるのが、云い換える、というワーク**。アイデア会議、特に第1ステップの席上で「アグレッシブ、はダメだ」と切り捨ててしまうのは絶対やってはいけないこと。「このアイデアが伝えたいアグレッシブさ、って例えばこんなことかな？」と他の言葉を使いながら、アイデアの可能性をもっとドンピシャなところへ誘導していくのが［云い換えっぺ］プランナーの役割、と心得てください。

■ **大きな［云い換え］が選択肢を拡大させる！**

アイデア会議においては、［云い出しっぺ］が出したアイデアの基本コンセプ

トはそのままに詳細を詰めていく云い換えもあれば、もっと大胆にコンセプトそのものを云い換えてしまうのもアリ、です。平たくいえば、**他人のアイデアに便乗して新しいアイデアを考える。**

云い換え前：集客用イベントとして、アイドル・コ・ン・サ・ー・ト・を・や・る・！
云い換え後：集客用イベントとして、能・舞・台・を・や・る・！

え、それじゃお客さんが変わっちゃうじゃない？ ぐらいまで云い換えてしまって全然OK。アイドルコンサートがダメだって話じゃありません。「能舞台」ってアイデア（選択肢）が増えただけです。判断する＝捨てるのは後ですから、**思いついたら云い換えてみる。**選択肢は増やせるだけ増やしておきませんか。

「今さら能？ 古い古い」とあしらってしまうのは楽チンですけれど、そうじゃなくて「確かに若い人に古典芸能をぶつけてみるのは面白いかも」「能は退屈だけど、狂言なら行けるんじゃない？」と、最初の云い換えに乗っかって、さらに云い換えてみるのがプランナーの正しい態度。「それ、アイドルもいいけど、日

110

本らしく能舞台はどうですかね?」その一言に必要な時間はたった5秒。**いわないのは損**じゃないか、と思います。

コンセプトそのものを云い換えるなら、こんな方法もあります。

云い換え前：集客用イベントとして、アイドルコンサートをやる！

云い換え後：既存顧客フォローイベントとして、アイドルコンサートをやる！

手法はそのままに、アイデアの目的そのものを、ズラしてみる云い換えです。アイドルコンサートという手法がより効果を発揮するのはどっちなのか、を考える機会を提供していることにもなりますし、ひょっとしたら「集客よりも、既存顧客フォローに注力した方が、効果的な戦略なのではないか」というさらに大きなレベルでの可能性を問うていることになるかもしれません。もうすでに戦略自体は固まっていて、戦術を検討する段階ではやり過ぎかもしれませんが、もっと初期の段階でなら十分検討する余地があるでしょうし、こんな云い換えで集客に

[云い換えでアイデアを増やす！]

大胆に別アイデアへ飛ぶ

集客用イベントとして、アイドルコンサートをやる！ 集客用イベントとして、能舞台をやる！

エッセンスをより明確に

集客用イベントとして、アイドルコンサートをやる！ 既存顧客フォローイベントとして、アイドルコンサートをやる！

プラスして事後フォローにも配慮する戦略へ、戦略そのものを強化することに寄与することだってありえます。

 云い換えることで、ともすれば**見落としていた可能性**に気がついたり、再検討することもできる。複数の人間がチームとして会議に参加することで、こうした**「漏れ」をチェックする**こともできるのです。「いきなり企画会議」ならどうでしょうか。チェック機能ってなかなか働かないと思います。みんなでアイデアに向かい合うことの効能はこんなところにもあるんですね。

 そして何よりもありがたいことに、アイデアの数が自然に増えていく。「云い換え」ができるチームは、ものすごくたくさんのアイデア、選択肢を手に入れることができます。ちなみに、云い換えの素になるのはもともといいアイデアとは限りません。すんごーく下らない一枚のスケッチがチームが盛り上がる発火点になることもあります。そんなこともあるゆえに、描いたアイデアスケッチすべてを出した方がお得なんです。

 興が乗ってきた時の云い換え技はまさに瞬間的。アッという間に、思いも寄ら

ぬ方向にアイデアが云い換えられ、新しい可能性をどんどん生み出しながら拡散していきます。一枚の「云い換え」アイデアスケッチ→他のプランナーの口頭による「云い出し」→「云い換え」→また別の「云い出し」→触発されて新たな「云い出し」アイデア→「云い換え」……と、云い出しと云い換えが連続しながらひたすらアイデアが増えていく。これがホントのブレーンストーミング。時間とともにアイデアが増え続けます。

そして、いろんなレベルと角度からアイデアの云い換えが進むと、当然ながらアイデアの幅が広がってきます。まさに醍醐味。チームで作業することの愉しさですね。

自分がポンと投げた1枚のアイデアスケッチが、**揉まれ揉まれて、会議前には想像もしていなかったほど輝いてくること**ってホントにあります。「云い出しっぺ」としては、そこまで考えつかなかった自分を認識することにもなるのでちょっと悔しい、苦い気分にもなるんですが、それよりもアイデアが豊かに変身していくことへの驚きが強い。最初は「これはオレのアイデアなんだ」と思っていて、アイデアへの〝著作権〟を主張したい気持ちもありつつも、アイデア会議を通じ

114

てその〝著作権を持っている人〟が個人からチームへと拡大していく、というのでしょうか（ちなみに法律上はアイデアそのものに著作権はないようです。あくまでイメージとして）。もちろん［云い出しっぺ］でありえたことには誇りを感じてしかるべきなんですが、チームでワークすることの有り難さをいつも痛感します。

アイデア会議って音楽アーティストがアルバムを制作している雰囲気に近い。作詞作曲はアーティスト本人が担当していても、編曲次第で原曲の持つ魅力がグンと引き出されたりする。さらには演奏をするメンバーによってさらにその魅力がハッキリする。

プランナーにとってのアイデア会議は、自分の考えた／云い出したアイデアが試される戦いの場でもあるし、チームが一体となって一つのゴールに向かって知恵を出し合っていく場でもある。**自分を鍛えるための絶好の舞台**だ、と思います。

■ [云い出しっぺ] と [云い換えっぺ] どちらも素敵なアイデアパーソン！

ところで、プランナーには「云い出し」が得意なタイプと「云い換え」にその魅力を発揮する人、がいます。アイデアスケッチをたくさん持ってくるのが好きなんだけど発言中はあまり発言をしない人と、スケッチは申し訳程度に数枚、でもアイデア会議が始まると「それだったらさ」「こういうのはどう？」といい感じで、**アイデアを転がしてくれる人**。云い換えてるだけの人は、なんとなくズルイじゃない？ とも思うんですが、これはどっちがアイデアパーソンとして優秀か、という問題ではなく、**それぞれがアイデアフル**なんだというのが結論、でいかがでしょうか。

最初に [云い出しっぺ] から出てくるアイデアスケッチがないと始まりようもないのですが、それをどこまで昇華できるか、もアイデア会議成功の鍵でもあります。また云い換えるのがどうも苦手なんだ、という人も結構いますから面白いものですね。

プロを目指すプランナーとしては、両方の機能をある程度バランスよく持って

いるべきですが、少なくとも現時点での**得意タイプがどちらかは知っておくと**いいです。云い出しと云い換え、自分の得意な方を伸ばすか、それとも不得意な方を改善していくか。一概には決められない問題ですが、個性あるプランナーとして成長していくためには、どちらの方向にせよ、自分を育成していくための自覚があった方が上達へのスピードが速くなるのは間違いないところです。

そしてチーム全体から見れば、［云い出しっぺ］と［云い換えっぺ］は両方揃っていて欲しい。アイデア会議に持ち寄られるアイデアスケッチの枚数と質、そしてアイデア会議中に起こる云い換えの量と質、その双方で高いクオリティが担保されますから。

一方、プランナーとしては、その辺はあまり気にしないで、**粛々とやる、のが正しいスタンス**だと思います。妙に大人ぶって「このあたりの、王道アイデアも入れておこうか」なんてのはまだ先のことでもいいんじゃないの、と個人的には思います。企画作業はすべてそうですが、「差し障りないアイデアに戻す」のは、呆れるほど簡単です。

お金が動くビジネス上の企画にはある程度の安全性、安心感が要求されますから、最終的には収まるところに収まる。企画ってある程度は丸いものなんですよね。アイデアを実現可能な企画に落としていくプロセスは、アイデアが持っていたトンガっている部分をいい具合に丸めていくことでもある。だからこそ企画になる前の、純粋にアイデアを考えているこの段階では**あえてアイデアを突飛な方向へ飛ばす、もっとトンガらせるには**どうしたらいいのか、にアタマと時間とを使った方がお得です。

第4章

ディレクターにとってのアイデア会議とは？
考える場を作る、アイデアを増やす、そして自分が決める

アイデア会議がレガッタに出場するボートチーム、プランナーがオールの漕手なら、ディレクターはコックス。オールを漕ぐ選手たちは進行方向とは反対を向いています。ボートがどっちに進むかは、まさにコックスの手腕一つ。

チーム全体の方向性を決めていくのはやっぱりディレクターなんだろう、と強く思っています。

アイデア会議を通じてのチームの引っ張り方、リーダーシップはいくつかやり方があるでしょう。

グイグイ引っ張るタイプに、後から押し上げていくやり方。それはディレクターとしてのHOW、手法論。まずはHOWの前のWHAT、**ディレクターが果たすべき役割や機能**に焦点を当てていきます。

プランナーにはプランナーだけが味わえる喜びがあるように、ディレクターにもその役に就く者だけが享受できる味わいがあります。

それは自分一人だけでは届かないアイデアを手にできること。チームに集まっ

てくれたプランナーたちからアイデアを上手に引き出して、ある意味で**自分の想像を超えるアイデアを探し、それに成功した時の喜び**ですね。

　チームとして作業する場合に、最終的な提案を行うプレゼンテーターはディレクターが務めることが多いはずです。

　やってみると分かるのですが、自分が細かいところまで詰めていない企画をプレゼンテーションするのは、意外に大変です。細部を知っているはずなんですが、どうにも言葉につまったりする。ただリーダー然としているだけではディレクターとしての機能を果たしていることにはなりません。

　チームメンバー、すなわちプランナー各位にアイデア出しを含めていろいろな作業を依頼しつつも、アウトプットの方向性や、その詳細までしっかり把握していなければならない。

　リーダーの立場からチームで仕事をしていくことのむずかしさ、でもあるんですが定型の業務を進行させていくのではなく、新しいことを考えるのがチームの役割ですから多分そのむずかしさはおそらく倍増。

122

・プ・ラ・ン・ナ・ー・の・ア・イ・デ・ア・を・尊・重・し・な・が・ら・、・冷・静・な・判・断・に・基・づ・い・て・成・功・す・る・「・ア・イ・デ・ア・入・り・の・企・画・」をつくり上げる。これがディレクターという役割の醍醐味です。

1 ディレクターの仕事 その1 アイデアを出し尽くさせる

■まずはチームビルディング＝メンバー選び

　ディレクターが最初に手をつけるべきは、やはりメンバー選び。仕事によっては母集団が固定メンバーであることもあるでしょうが、プロジェクトによって構成メンバーを変えることもぜひ検討したいところ。余裕と事情が許せば、社内の他部署に応援を頼んだり、時には社外の人財を引っ張ってくるのもいいですね。自分のチームが3人しかいない、という場合でも「今回のメインプランナーは君だ」とメンバー間でのコミットメントの比重を変えてあげるのも技の一つ。大概の場合、企画部門は常に複数のプロジェクトが並行して走っているでしょうか

ら、毎度フルメンバーが全力投球、だと消耗度も激しくなってしまいます。

ジャンルはオールラウンド、堅いのからブッ飛んだのまでアイデアのレベルも自由自在……そんなスーパープランナー、いません。人にはやはり得意と不得意とがあります。現実的には、**メンバー構成がそのままコア・アイデア、ひいては企画の方向性を実質的に決めてしまっている**ことになります。

しかもこの時点で、社内であれ社外であれクライアントから与えられた与件や課題を把握しているのはディレクターだけです。そして課題を認識できたら「だいたいこの辺が提案の肝になりそうだな」と経験値や現状分析からの勘所（あえて落とし所、とはいいません）への予測も働いているはずです。同時にその課題にふさわしいメンバーの顔が思い浮かんでいるでしょうか？ 最初が肝心。誰をプランナーとして起用するのか、できる限り最善を尽くすべきだと思います。

■ **何を考えてもらうか、を考える**

メンバーを決めたら、まずはキックオフとなる最初の打ち合わせを招集してく

ださい。チームの顔合わせ、の意味もありますが、より大事なのはプランナーへのオリエンテーション。

① これから考えてもらう課題は何か
② その背景
③ アイデアの方向性

など、プランナーがアタマを使えるようにするための情報をインプットします。当然ながらここは大事なポイント。**課題がハッキリしていなければ、上がってくるアイデアも支離滅裂**。結果は全滅、です。それを「面白いのが出てこないぞ！」とキレるのは間違い。出題が悪いのです。

プランナーへのオリエンテーションは「指示」ではなくて、「相談」。自分で課題も解決方法も分かっていれば、あとはそのアイデアを企画として仕上げていくだけ。依頼をする側にハッキリしたアウトプットの輪郭があるなら、自分の代わ

りにアウトプット作業を代行してもらえば済む話。そのプロセスに必要なのは、作業をしてもらう人に自分のイメージ通り動いてもらうための「指示」です。

「相談」の場合はちょっと違う感触。アウトプットへのなんとなくの想像はあるけれど、まだ確信には至ってない。だから相手側への期待がある。自分には思いもつかないようなアイデアを出してくれるんじゃないだろうか？「指示」よりもプランナーとしてのチームメンバー個々人の自発性、個性に依存する割合が大きくなります。

だからこそ「相談」はむずかしい。ぼんやりと期待しているだけではいい答えが出てくるわけもありません。**投げ掛け方次第で返ってくる返事が大きく変わってしまうからです。**

ちょっと話が逸れますが、指示と相談との違いを実感できるのは、デート中の恋人たちが交わす会話を思わず耳にしてしまった時。

「もうすぐお昼だけど……△△のハンバーグが食べたいかなあ」

「うん、いいよ」

これは指示のコミュニケーション。相手には一緒に行く、という行為（作業）を期待しています。

「もうすぐお昼だけど、何が食べたい？」
「なんでもいいよ」

と返されてしまうのは、相談の失敗例。相手から「食べたいもの」というアイデアを引き出そうとしていても、**投げ掛け方が漠然すぎるとニブい答えが返ってきてしまう**ことになります（時折「えー、そうなの？　どうしよっか……」「うーんとねぇ……」とグルグル悩むのが好きな二人もいますが）。

「お昼……ハンバーグとかスパゲッティとか、洋食系かな？」
「だったらチキンライスの美味しいお店があるよ。知ってる？」

なんて展開になると、相談としてのオリエンテーションがうまくいったかな、と思います。大きな方向性として洋食系、と一応のゴールイメージは提示しつつもストレートにハンバーグもちょっとな、って気持ちに対してチキンライスし

128

かも未経験の美味しいお店という**魅力的な選択肢を手に入れることができたわけ**です。

とはいえ、その新しい選択肢を最終的に採用するかどうかはまた別問題なのは、すでにお分かりでしょう。もっともデートの場合は却下するなんて無粋といわれちゃうかもしれませんから、よく考えてから判断する必要はありますね。

毎回〝戦略的に〟考えながらデートすることはないでしょうが、相手からどうやってアイデアを引き出すか、どんなアイデアを求めるか、そこをマネジメントするのは課題を出す側にしかできません。あえて課題をアヤフヤにして「何でもいい、レベルは問わず」と問い掛けてしまうのは、相当高度な大技であることを知っておいてください。プランナー側にすると「何でもいいから」っていわれる**のが一番いやなもの**なんです。

不思議な気もしますが、**ある程度制限をかけた方が、アイデアは爆発します。**アイデアを考えることは連想を多用することでもあるので、何か条件が制限され

ている方が、自分の中にある記憶や知識をたどりやすくなるのかもしれません。

オリエンテーションA：
「3年後の収益基盤を作れるような単行本シリーズ企画のアイデア」
オリエンテーションB：
「中学生向けの20世紀の偉人・伝記シリーズ企画のアイデア」

同じシリーズ型の出版企画といってもオリエンテーションAとBとでは、求めるアイデアのレベル、スケール感がかなり違うことになります。オリエンテーションAならば、「ラテンアメリカの女流作家文学全集」とか「立体CGで見せる昆虫大図鑑シリーズ」ぐらいの幅広さ、それなりに自由度のあるアイデアを求めていることになります。オリエンテーションBでは「アインシュタイン」「ジョン・F・ケネディ」「新渡戸稲造」など具体的な人名が上がってくるでしょう。

デートの例でも分かるように、「アイデアの方向性」をどこまで最初から打ち

出すか、は微妙な問題。この段階では区別がつきにくいこともありますが、課題設定が「What＝何を考えるか」を提示することだとすると、アイデアの方向性を示すことは「How＝どんなアイデアが当たりなのか」、トーン＆マナーに近いところを指示することにもなるからです。

問い掛ける側のディレクターのアタマの中にすでに明確なイメージがある場合は、その**ゴールイメージを強化するためのプランを考えてきてもらう、も正解**。ところが確たるイメージもないまま、口に出してしまうとチーム全体を思いもしない方向へ誘導してしまうリスクもあります。プランナーによっては「あ、そこが欲しいのね」と早合点して〝狙い撃ち〟してきたりしますし、場合によっては「もうそこまで見えているならオレら不要じゃん」でモチベーション下がったり。確かに制限をすることでアイデアの爆発が期待できるのですが、その臨界点を見極めるのも大変ではあります。

また、時としてディレクター自身にも課題が分からないケースがあります。クライアントやトップから「とにかくこの商品が売れるようにしたい」なんてポンと投げられてしまったような場合です。これは困る……んですが、そうもいって

いられませんから、まずは「何が課題か」を問い掛けることになります。オリエンテーション自体を考えよう、ということですね。

■コア・アイデアを決めるまでのワークデザインをする

集まったプランナーたちへオリエンテーションを投げ掛けると同時に、以降のスケジュールをチームで共有する必要があります。より正確にいえばスケジュールというよりはワークデザイン。プロジェクトマネジメントに近いでしょうか。プレゼンテーションの日程が分かっているなら、準備期間は逆算できます。残された日数は、いつでもそれほど長くはないものです。限定された期間の中で、コアになるアイデアを見つけ出し、企画に仕上げるワークフローが必要です。考えた時間とアイデアの質は必ずしも比例しませんが、プランナーにも必要十分な、考える時間を与えてあげなければなりません。ホントに煮詰まってきたら連日のアイデア会議大会、となることもあるでしょうが、最初から今日の明日ね、もさすがに厳しいです。

以上を踏まえた上で、ディレクターはこのメンバーでワークをするなら、どのタイミングまでにコア・アイデアが決められそうか、そしてそのためにアイデア会議（特に第1ステップ）を何回開く必要がありそうか、を予想することになります。

2～3日先か、来週か。思い切って10日ぐらい置くか。大抵の場合、一度でバシッと決まるとはちょっと考えにくいとしたら、少なくとも2回は集まることを想定して、次の打ち合わせ、すなわちアイデア会議の第1ステップを行う日時をチームメンバーと相談しながら決めることになるでしょう。

2 アイデア会議 第1ステップをどう導くか?

■ 集まってきたアイデアを[云い出しっぺ]から切り離す

いよいよアイデア会議第1ステップ当日です。どんなアイデアが出てくるのか。そのドキドキ感はみんな一緒でしょうね。テーブルを囲んで座ったプランナーの面々も自信がありそうだったり、下向きがちだったり。ディレクターとしては期待と不安とがないまぜな気持ち。

さて、じゃあ始めようか、とディレクターが口火を切ってください。まずはゴールデンルールその1「持ち寄る」に沿って、各自が考えてきてくれた**アイデア**

の**ご披露大会**です。順序や進行について特に決まりはありませんからディレクターのお好みで、となりますが、一般的にはプランナーの誰かが「では……」と始めてくれるでしょうか。

個人的には「自信のない者が先に」になることが多いような気がします。プランナーが持ち寄ってくれたアイデアスケッチ。参加者が10名近ければ人数分のコピーがあってもいいですが、集まった人数が5名ぐらいで少なければ、アイデアスケッチをそのまま机上に提示しながら、それぞれのアイデアの概略を説明してもらいます。

席を立つ必要はないでしょう。ディレクターに対して説明するプランナーとアイデアスケッチを他のメンバーものぞき込むようにしながら、目と耳とで説明を追いかけます。持参した各案をどの順番で説明するかは考えてくれた人に任せましょう。一番のお勧め案を先に持ってくるタイプ、最後まで取っておくタイプ。いろいろいます。それから15枚ぐらいのスケッチが手元にあっても、8〜9枚しか見せてくれないプランナーもいるかもしれません。描いてはきたもののやっぱり自信がないのか、意識的な後出し狙いか。その真意は分かりませんが、そっと

135 　第4章　ディレクターにとってのアイデア会議とは？

云い出し段階の〝むき出し〟なアイデアスケッチはまだ言葉が足りない、または真のイメージとはズレた言葉で描かれていたりするものですが、口頭の説明でそこはフォローしてもらいましょう。各アイデアへの質問は後でまとめるか、その都度かはご随意に。

アイデアによっては「ふーむ」と感心したり、「バカバカしい！」と笑いが起こったり。**大事なのはまだ批判も判断もしないこと**。基本的にはポジティブな合いの手を入れつつ聞くのがディレクターのお作法です。

アイデアが出揃ったら、**すべてのアイデアスケッチを机の上に**。あるいは壁に。アイデア会議ゴールデンルール2に則(のっと)って、**発言と発言者をさっさと切り離して**しまいましょう。並べてみたら、**まずは眺める**。アイデアスケッチがずらりとひしめき合っているのは素敵な壮観。もう考えなくてもいいんじゃないだろうかと一瞬誤解するほどです。ま、これからが本番なんですが……。

・アイデアスケッチは机上に。発言者と切り離す

■整理をしながら、云い換える

出てきたアイデアスケッチの中には、同じような路線を狙っているもの、同じアイテムを使っているものなど、似ているアイデアもあるでしょう。最初にプランナーが説明していた各アイデアの要点を確認しながら、**物理的にアイデアスケッチを四方八方にぐいと動かして整理していきます**。きちんと揃えて並べる必要なんかありません。見えやすいように、**適当に寄せておく程度**です。

整理の観点はいろんな可能性があると思いますが

・似ているアイデアは寄せる
・補強関係（プラスするとアイデアが強くなる）がありそうだったら隣り合わせにする
・何となくポジティブな意味で「引っ掛かり」を感じるものは、目の届きやすい中心近くに置く

手がかりはそんなところでしょう。アイデアが紙になっていることのメリットがここでも発揮されます。アイデアスケッチが1枚1案になっているからこそ移動が自由になっています。似たようなものもすぐに重ねることができます。他のアイデアと補強し合う関係が見つかったら、近くに置いてみることがすぐにできて、また見て確認できる。これは本当に便利です。アイデア会議第1ステップでのアイデアの総数は少なくとも2桁にはなるでしょうから、まず覚えるのは無理。は7プラスマイナス1程度だ、といわれています。人間が短期的に暗記できるの

ディレクター「さっき動物が出てくるアイデアなかったっけ?」
プランナー「えーと……あ、これっスよ」

こっちの方が断然楽チンです。

整理をしつつ、アイデアスケッチをあちこちに動かしているうちに、ディレクターである自分を含めて、場に集まったメンバーのアンテナに感度を感じるアイデアスケッチが出てきます。もう少し詳しくアイデアのイメージを聞いてみたく

なったり、伝えたいことのニュアンスは分かるけど、スケッチに描いてある単語はまだピンと来ないな、とか。

それがアイデア会議第1ステップが本格的に始まった瞬間。お待ちかねの「云い換え」タイムです。

ディレクター（アイデアスケッチ『1人3分でわかる　あの人の生き方早わかり偉人伝』を見て）

「このアイデアさ、例えばどんな感じになるのかな？」

プランナーA（云い出しっぺ）

「なんか伝記とか偉人伝とかだと、子どもの頃とかのエピソードが多いじゃないですか。そういう具体的な話もいいんだけど、もうズバリとその人の人生観みたいなのがわかった方がいいかな、と」

140

ディレクター 「なるほどな……エピソードより人生観ね。だと名言集に近いのかな?」
→まだ**批評しない**。プランナーからもっと**情報を引き出したい**ところ。

プランナーA 「それだと自伝っぽいですよね。どっちかな……」

プランナーB (云い換えっぺ)
「自伝がハマる人と、他の人が書いた方がいいパターンもありますよね」

ディレクター 「例えば?」
→偉人、のイメージを**云い換え**てもらおうとしている。

プランナーC (云い換えっぺ)

141 | 第4章 ディレクターにとってのアイデア会議とは?

プランナーA（云い出しっぺ→すでに云い換えっぺになっている）
「自伝といえばフランクリンに福澤諭吉ですけど、宇宙飛行士とかは？」
「なんか本人の言葉聞いてみたいっすね、確かに。ノーベル賞の○○さん、とか」

プランナーC（云い換えっぺ）
「何となくだけど、自分で本を書いてない人だといいかもね」
→確信不要。どんどん云い換える。

ディレクター
「偉人、のレベルっていうか、どこから偉人なんだろうな」
→同じアイデアを別角度から云い換えてもらおうとしての発言。

プランナーB
「たしかに。20世紀以降だと年表に載っている人、てこともない

ですもんね……。
どこかの研究所とかでそういうの調べてないの?」

プランナーA 「アメリカだと『Life』とか『Newsweek』で、MVPみたいなの、出してますよね」
→メディアの名前や賞の正式名称がわからなくても云い換える。

プランナーB 「偉人といわないで、『Newsweek』MVPの生き様本、てのもあるかもね」
→ここまで云い換えると別アイデアに発展。

ディレクター 「お、それ今すぐに描いとこう」
→新しいアイデアは忘れないうちにアイデアスケッチ化してしまうのもコツ!

143 | 第4章 ディレクターにとってのアイデア会議とは?

ディレクターが気になったところをキッカケにして、プランナー総出でアレコレと云い換えてみる。そのアイデアが持つ可能性を掘り下げていく流れもあるし、そこからジャンプしてまた新しいアイデアが出てくることもある。批評や評価、ましてや判断は一切せずに、ただただ云い換えてみる、さらに新しく云い出してみることでアイ・デ・ア・を・増・や・し・て・い・く・、の感覚です。

アイデア会議第1ステップでは、時間の許す限り気になるアイデアスケッチについて話をしながら、云い換えていきます。云い換えていく過程は、比較的単線的で、**連想ゲーム的につながっていく系**のものと、**2つ以上の気になるアイテムを含んでいて、分派していく系**のものとが出てきます。

「いのちについての手帳」
・自分の大事な人やペットなどの名前を書いていく本
・日々の生活でその手帳がいろいろな名前で埋まっていく……
・日記と同じく1冊2冊と自分で増やしていくシリーズ企画

144

というアイデアスケッチがあったとしたら、こんな方向での云い換えが考えられるでしょう。

云い換えの展開方向A　いのち系
「改めて日本人のルーツを探るシリーズ」
「自分にとって大切なものを記録する」
「□□□山の高僧他が語る〝いのち〟」

云い換えの展開方向B　手帳系
「手帳文庫」
「手帳に差し込めるミニサイズの本」
「日本全国寺社仏閣手帳」

云い換える展開が、方向Aは**アイデアの中身から派生している**のに比べて、方向Bは**手帳という物的要素が云い換えの起点**になっています。その先も手帳のサ

イズがキーになっている新アイデアもあれば、手帳の中身にまた戻っていくようなアイデアも。アイデア会議第1ステップは、オールアイデア、ウェルカムからどれもよい感じです。ディレクターとしては、まだまだアイデアが欲しいでしょうから、プランナーからの発言を誘発できるように、です。

ある一つのアイデアスケッチを起点とした云い換えのスピードが落ちてきたり、詰まってきたと感じたら、ディレクターの差配で次のアイデアへ。皆の関心度が高いアイデアにはじっくり時間をかけながら、寄せ集まったアイデアをぐるりと一周。せっかく寄せられたのに、その芽を出せないでいるアイデアはないか、くまなくチェックしてみてください。

もちろん、数あるアイデアの中には残念ながら誰の関心も引けなかったものもあるでしょう。そんな時には無理はせず。次の一枚へ行きましょう。

■ **悪い筋のアイデアは徐々に捨てる**

わいわいといい雰囲気で云い換えが進んでいく中で、どうにも引っ掛かりがな

いアイデアの筋、も見えてくるはずです。「まあ、こりゃ明らかにないな」、あるいは「今回のお題とは完全に筋違いだな」ってアイデアですね。頃合いを見つつ、ですが、筋の悪いアイデアは云い換えの机の上から退場させます。予選時点での足切りです。

ただ、いつ何時復活するかもしれません。その可能性を完全に捨ててしまいたくはないので破ることはしないでください。とりあえず裏返したり、束ねたり、視界から外すぐらいでOKだと思います。

そのアイデアを考えたプランナーからすれば、自分のアイデアスケッチがひっくり返されるのはやっぱり屈辱です。「まあ枚数稼ぎで出しただけさ」と割り切っていられるものは別ですが、自分としては結構自信があったものまで裏返しにされると、正直むかつきます。でもそれも仕方ないこと。臥薪嘗胆（がしんしょうたん）。次回、また頑張るだけです。

■第1ステップを繰り返すか？　を判断する

悪い筋のアイデアを見切り、気になるアイデアがさまざまに展開され尽くした感が出てきたでしょうか？　だとしたらアイデア会議第1ステップも終盤です。

終盤にさしかかった段階で、ディレクターは大きな判断をする必要があります。

それは「このまま第2ステップへ入れるか」「それとも改めて第1ステップを繰り返すか」の分岐点。

第2ステップは収束の段階、自分たちのチームのコア・アイデアですから、前に進むのなら、現状オンザテーブルのアイデア（コア・アイデアへの選択肢）が、ディレクターとしてのOKラインにたどり着いていることになります。

しかしまだちょっと……と思うのなら、再度第1ステップのやり直しです。2時間近く云い換えを続けてもなお、しっくり来るアイデアが足りないのであれば、やり直した方がいい。おそらくそのまま続けても、結果は変わらないでしょう。

改めて仕切り直し、プランナーには再びアイデアを持ち寄ってもらうべきです。

リアルなビジネス現場では、1回で合格ラインまで達しているコア・アイデアにいくつもたどり着く方がむずかしいかもしれません。

ということは、かなりの確率で再ラウンドになるわけです。次回に向けては改めてディレクターからプランナーに向けて「何を考えて欲しいか」をオリエンテーションすることが必要です。

再オリエンテーションでは、前回に比べてもっと的を絞った指示を出すべきです。アイデアの不足ポイントは、第1ステップ1回目の裏返しになります。

①面的な不足＝アイデアが出なかった／数が足りなかったジャンルに絞って考えてもらう

②質的な不足＝ジャンルはいいが、ヒネリが足りない部分を深く考えてもらう

先程からの単行本企画へのアイデアでいうなら

① 「文芸系、小説とか評論といった分野のアイデアが少ない」
② 「MVPもので、若い人たちが世代を超えて読み継ぐようなものはないか?」

という再オリエンテーションになるでしょう。

プランナーが複数名参加している場合は、人によって①と②とを分担してもらったり、①をさらに細分化してそれぞれに振ることもできます。もちろん全員で同じことを考えることも。

また、この段階ではディレクターのイメージをもっと強く伝えてもいいと思います。プランナーに対して制限をかけることによって、自分が期待するイメージに沿ったアイデアを求めるやり方ですね。

「高齢者が続けて買いたくなるものがいい」
「学校の図書館に必ず置いてあるようなシリーズ企画」
「競合M社の××シリーズのライバル、と呼ばれるような感じ」
「軽い本、のイメージ。使う紙が軽い。内容そのものは重くてもOK」

150

などなど。

いずれにしても、コア・アイデアへチーム全体として近づくために、さらにアイデアを求めていきます。

「どの辺が足りないのか」そして「自分が目指しているイメージと現状との間にどのくらい距離があるのか」がディレクターに感覚として見えていると、ゴールはもうすぐ。企画をまとめなければならない残り日数と、メンバー全員のモチベーションキープにも気を配りながら、アイデア会議を乗りきっていく道が確かになっていきます。

ディレクターがプランナーに対して宿題を出し、次回集合する日程を確認したところで散会、にしましょう。最後に参考資料として今日の会議で**出てきたアイデアスケッチを一式コピーしてプランナーたちに渡す**のもいいと思います。

アイデア会議は全員が積極的にコミットメントし、発言をして、他人の意見を傾聴し、次なるアイデアへつなげることで成り立っているミーティングですから、

第4章　ディレクターにとってのアイデア会議とは？

特に書記係を置いたりはしません(そんな余剰人員がもしいたら、すぐにプランナーにするべきです)。そのため議事録はほとんど存在しません。もしホワイトボードを使っていたなら、その画面のプリントアウトぐらい。それも一緒にコピーを渡してください。プランナーが少しでも発想しやすくなる環境を作ってあげることはディレクターの仕事の一つですから。

3 ディレクターの仕事 その2
企画の核となるアイデアを「決める」

■第1ステップから第2ステップへ

数日後、再びアイデア会議第1ステップ。前回の最後に考えるべきポイントはかなり絞ってオリエンテーションをしておきましたから、今回は一気に第2ステップまで、の意気込みです。

全員が揃うまでの時間を利用して、前回の会議ですでに「当確」となったアイデアや、まだ"生き残っている"アイデアは机の上に並べておきます。

スタートは今回も同じです。プランナーが持ち寄ってくれたアイデアを一つず

153 | 第4章 ディレクターにとってのアイデア会議とは？

つ話を聞きながら机上へ展開し、気になるスケッチをベースにどんどん云い換えていきます。自分が欲しい、と思っていた方向性のアイデアはちゃんと出てきているでしょうか？

第1ステップも2回目ぐらいからは、ディレクターがもっと強めにリーダーシップを発揮していってもいいでしょう。プランナーが云い換えるのを待つだけではなく、**自分自身も積極的に云い換えに参加することで、スピードをアップさせていく**。行きすぎのあまりディレクターばかりが発言する独壇場、になってしまうのはNGですが。

プランナーB 「図書館に置ける、ということで学校の中に本とリンクする"入り口"があるようなのがいいと思って。『西洋音楽史の巨人、音楽と生涯シリーズ』なんてのはどうでしょうか、と」

プランナーA 「音楽と、ってことはCDがついてるんですか？」
　→本＋CD。パッケージの原形が見える。

プランナーB 「そう、音楽は聴かないとね」

プランナーC 「有名どころが演奏ですかね。海外の大物さんとか」
→イメージが具体的になっていく。

プランナーA 「大抵の音源ならもう録音済みですもんね。版権と予算がクリアできればOKか」
→おそらく「1冊にCD1枚」ぐらいでまとまりそうな流れを……。

ディレクター 「もうちょっと膨らまそう。CDの枚数増やして同じ交響曲で指揮者の違いが聴けるようにしようよ」
→**云い換えに積極的に参加**。自分のアイデアもぶつけてみる。

155 第4章 ディレクターにとってのアイデア会議とは?

プランナーB　「そうか……最初は最近流行りのサワリだけCDぐらいのイメージだったけど……。このシリーズだけで中学校なら十分です、ぐらい行くか。指揮者が振っている表情が見えるDVDもあるかな?」

ディレクター　「そこまでパッケージ化できたら大人世代も狙えるんじゃないか?」

→**コア・アイデアまで行けたな**、という実感。よし、次行こう!

このあたりまでアイデアをハッキリさせていくのがアイデアを磨く、ということ。かなり明確なイメージが共有できますよね? ただ、まだアイデアに過ぎなくて、企画にはなっていないことも確かです。シリーズの巻数も出ていませんし、誰が書くのかも未定。CDまたはDVDにしてもボリュームも不明……。この段階ではまだ「企画」にはたどり着いてはいないです。それでも**聞いただけで、企画として**

どうなるかのアウトラインはイメージができる。

ここまでたどり着ければ、あとは現場を知るスタッフがたちどころにコア・アイデア入りの「いい企画」に仕上げてくれるでしょう。

云い出し、から云い換え。こんなやり取りを繰り返して、「これは行ける」と思えるコア・アイデアをできる限りたくさん作っていきたいのです。

チームは生き物のようなもので、ディレクション次第で、どこにでも動けてしまう不思議さがあります。例えばプランナーがまったく同じメンツであってもディレクターが違えば結論も違うでしょう。さほどにディレクターが及ぼす影響は大きい。チームのパフォーマンスを比較したなら、ダメディレクターと超・優秀プランナーよりも優秀なディレクターと平凡なプランナーの組み合わせの方がアイデアのアベレージは高いかもしれません。そのあたりはスポーツと似ています。監督次第で、チームが死んでしまったり、生まれ変わったりする。脅かすわけではないですが、それだけ責任ある仕事なんだということですね。とするなら、経験もない人がやってきていきなりディレクター、って怖いです、

第4章 ディレクターにとってのアイデア会議とは？

本当は。いろんな経験を積んだ人だけがディレクターを張れる資格があるのではないでしょうか？

■「コア・アイデア」の条件は？

アイデアを云い換えながら鍛え上げていく過程での疑問は、どこまで磨けばいいのだろうか？　どこで見切るべきなのだろうか？　ということに尽きるでしょう。コア・アイデアかそうでないかの線引きは、誰にも正解が分からない、ルールがない領域です。とはいえ、人間の直感はバカにできない鋭さがあります。「これは違うな」というのはだいたい分かる。だけれども、そんなストレートな豪速球にはなかなか出会えません。大概は**「これは行けるかも……？」レベルのアイデア**が面倒を見ることになります。

また、これは行けそうだな……という合格ラインを越えたアイデアが4つか5つ出ていって、**ラインを越えさせるまで**ディレクターとプランナーが面倒を見るこ

158

つあって、チームの評価も割れる大接戦。さてどの案で行こうかと嬉しいぜいたくな悩みに直面することもあるでしょう（めったにないんですが……）。とにかく、どのアイデアをコア・アイデアまで引っぱり上げ、さらに企画として仕上げるか。その判断こそがディレクターの一番の仕事なのです。

では「いいアイデア」とは一体全体何なのか？　点数をつけて評価することはできませんが、**それぞれのアイデアの持つ個性を、ポジショニングしてあげる**ことで、ある程度の判断は可能になると思っています。

まず、面白いアイデアであるかどうかが、コア・アイデアの条件だといえると思います。ただ、面白い＝笑える、だけではないです。それよりも **interesting ＝興味／注目／好奇心を引きつける**、の意味も含んでいると考えた方が近いです。ガハハ、と声を上げて笑ってしまうアイデアから、クスっと隠れ笑い、あるいは、ふんふんなるほどと納得する、次はどうなるのと引き込まれる、そしてやられた……と思わず唸ってしまうようなアイデアまで。

159　第4章　ディレクターにとってのアイデア会議とは？

面白い、に近くてビジネス上の企画で重視される「新しい」という価値感もあります。「それってどこが新しいの?」とはよく聞かれる質問です。

ただ、わたし個人としては、新しいかどうかに必要以上にこだわることはないんじゃないかと思っています。

「新しい」、と「効果がある」を混同しないようにしたい。目新しさだけでは、目を引くかもしれませんが与えられた課題の最終ゴールをクリアできるかどうかは別問題です。

そしてアイデアを評価するもう一つの軸が**「筋がいいかどうか」**の軸。アイデア評価軸としての「筋」にはいくつかの意味があります。まず1番目の「筋」としては、いたってシンプルにクライアントや自社など企画の依頼元が抱えている**問題課題**をその**アイデアで解決できるかどうか**。当たり前のベースとなる判断基準ですね。これを満たしていないアイデアは、逆立ちしたって通るわけありません。

そして2番目の「筋」は、依頼元の**文化、風土とマッチしているかどうか**。これは意外に高いハードルになります。「面白いんだけど、ウチにはちょっとねえ……」ってヤツです。多いですよね。あえて筋違いの案をぶつける作戦はありますが、やり過ぎると「分かってない！」と怒られたりして。

業種や商品の規模にかかわらず、ブランドを大事にされるクライアントが増えてきています。ブランドとは、立ち上げて定着するまではともかく、それ以降は基本的には継承するもので、維持していくもの。大胆に変えましょう、とはなかなか提案しにくい。とはいいながら古い慣習に固執していると、またお客さまから置いていかれる……非常に悩ましいところでもあります。この見極めはクライアント情報が少ないプランナーには無理でしょうから、ディレクターとしてはじっくり考えないといけません。

先方の文化との折り合いをどこに持っていくか。

3番目の「筋」は、**社会との調和性**。依頼元が企業（組織）であれ、個人であ

れ、すべて社会的な存在です。過剰に自己中心的な企画は、実行しても必ずそっぽを向かれます。クライアントファーストに集中するあまり、唯我独尊に行きすぎるのは禁物です。環境問題なんて知りません関係ありません、ではもはや通らない時代。しかし、時として周辺が見えないでいる依頼元がいるかもしれません。特に社内プロジェクトなどでは、ついつい内向き視点になりがちかも。提案する側の責任の一つとして、そこは配慮したい、と思います。

というわけで「面白さ」と「筋のよさ」それぞれの良し悪しで、アイデアは4つの象限にわかれます（163ページ）。アイデア会議で磨かれた「よさそうなアイデア」を、この4象限のどこかに分類してみましょう。

第1象限＝面白くて、筋がいい＝当選確実
第3象限＝面白くないし、筋も悪い＝落選

ここまでは異論がないところですが、次が判断に迷うところ。

[アイデアを判断する2つの軸]

・悩ましいのは第2象限と第4象限

第2象限＝面白いけど、筋が悪い
第4象限＝面白くないけど、筋がいい

まずは**アイデアの構成要素のどこかをさらに云い換えて磨くことで第1象限に昇格させられないか、と考えるべき**でしょう。アイデアの領域については、確実なことがいえないのが癪ですが、個人的には「第2象限＝面白いけど、筋が悪い」の方が見込みがあると思っています。

筋、って補強や調整がつきやすいのですが、面白さはイカンともしがたいことが多い。まさにアイデアの原石部分だからですね。苦し紛れのイイトコドリを指向して、あっちの案とこっちの案を無理やりにくっつけてみたりと変に加工しすぎてしまっても本末転倒です。

「面白さ」と「筋のよさ」、は相反していることもよくあります。筋を通すと面白さがなくなってしまうケース。どの辺まで行けるか？　をどこまで見切れるか、

ですね。

　反対に、面白くなくても筋がよいもので合格ラインを突破することも可能です。そもそもお題からして面白さがそれほど求められていない時。それから提案先の文化として謹厳実直、笑いは不要です、の場合など。提案する側の意気込みとは関係なく、いたって普通の企画で十二分なケースも多いでしょう。

　今回は企画を3つ出そう、ということで比較的余裕があるなら堅いのから柔らかいのまで取り揃えていこうよ、で済むんですが、「ベストの案を一つだけ持ってこい」なんていわれてしまっていると、本当に迷います。

　とはいいながら、**ディレクターの直感はかなり正しい**、と思います。数値では測定できなくてもディレクターが各種の知識と状況とを冷静に判断することができれば、課題に対するアイデアの適性度が分かってくるものです。気をつけたいのが、判断するにあたり、自分の好き嫌いは後回しにして最初に適性度が来るべきだ、というぐらい。好き嫌いもあっていい。**アイデアはいたって個人的な性格から完全に離れることはできません**し、企画を実施する段になったら、クライア

ントもスタッフも好きで夢中になれるプランの方がいい結果を生みます。

さて、ディレクターとしては「面白さ」と「筋のよさ」、どっちを重視するべきなのか？　これこそがディレクターとしての個性を体現する基準になるでしょう。

面白さがウリの人、派手さはなくても安定性のある人。その人らしさ、もっといえばディレクターのブランド価値です。

世の中的には両方いないと困りますから、ともいいきれない。どっちもあり。両方柔軟に使い分けられる人がベストですよね。プランナーの章でもお伝えしましたが、ディレクターだって個性が必要。個性＝ブランドが不明瞭な人は、お声がかからなくなってしまいます。

とはいいながら、会社での立場もあって……がまた悩ましい。これ、永遠の課題なんでしょうね……。

4 コア・アイデアを「アイデア入りの企画」に整えていく

厳密にはアイデア会議の範疇からは離れてしまいますが、コア・アイデアが決まった後のプロセスについても少しだけ触れておきます。

アイデア会議を通じてプランナーに鍛え抜かれ、そしてディレクターに選ばれたコア・アイデアは、当初のアイデアスケッチに載せられた頃とは違って、ある程度の具体的なイメージを持ち、一筋の芯が通っていることでしょう。とはいえ、それはまだアイデアのレベル。実際のビジネスなどの現場にそのまま持ち込めるだけの精度は持ち合わせていません。現時点ではいまだ「仲間うちでの共有物」にしか過ぎないのです。

コア・アイデアを決めたディレクターの次の仕事は、それらのコア・アイデア

をしっかりとした「企画」、それも「アイデア入りの企画」へと落とし込んでいくための作業を指示することです。

「アイデアがちゃんと入っている企画」として満たすべき必要条件は、企画が理解可能な形に整理され、説明できるようになっていること。そして、**実施にあたって要求される仕様をクリアしていること**。

企画の仕様とは、準備期間を含めた実施期間はどのくらいか、その企画が実施可能な場所はどこか、そもそもの目的はどの程度達成できるのか……などの要素。いわゆる5W1Hとか5W2Hと呼ばれている要素の詰め。端的にいえば**「概算見積もりが作れる」**状態です。

これによって、企画を実施した時のスケール感、インパクトの大きさ、準備や調整の大変さ、そして成功した時の効果および失敗のリスクが提案され る側の共通認識として把握できるようになるはずです。

こうした作業は裏取り、許可取り、調整、試算……といった作業の積み重ね。より現実に近づくことになりますから、プランナーに加えて営業部隊などからの

168

応援も必要でしょう。

アイデアを企画化していく作業の過程においてディレクターが気をつけなければいけないのは、せっかくのコア・アイデアが丸まりすぎてしまうこと。概して企画化の作業は、トンガったものを丸くすることになります。

アイデアはある意味で理想追求型ですから、現実の規格に合わないことが多々あります。提案前の段階ですでに予算的にフルフルは無理だ、とか時間がかかって間に合わない、とか。

どんなケースでも、**アイデアをそのまま企画にすることはできません。**どこかで何らかの妥協点は出てきます。……と、ここが考えどころ。限られた予算や時間など出てくる制約を前に、どの要素を優先させて、どこを捨てるのか。それを判断するのもディレクターになります。

判断の基準は、**コア・アイデアの個性を失わないで企画にまとめられるか。**判断するにあたっては、これまでディレクターが業務上積み重ねてきた経験がものをいいます。「A社のBさんに手伝ってもらえたら大丈夫、間に合うぞ」など。

169　第4章　ディレクターにとってのアイデア会議とは？

同時に、どこまでなら譲歩できるのかの境界線を持っているのもディレクターの役目です。トンガリを残す部分と丸めてしまう部分の判断を指示してください。

企画とは「まだ誰も観たことのない商品」。夢想ではなく、確かな裏打ちのある想像力なくして、まとめることはできないのです。

コア・アイデアが企画になれば、それは「企画書」「プレゼンテーション」という形で提案相手へ説明することができるように仕上がります。企画書の書き方やプレゼンテーションの手法については、いろんな方法がありますし、お好みもあるのでここでは割愛。大事なのは**「企画のどこにアイデアがあるのか」**がハッキリ分かればそれでいいと思います。

これまでサンプルとして書いてきたシリーズ出版の例でいえば、こんな感じでしょうか。

「中学生のための新・西洋音楽史大全
―マンガと名指揮者の演奏で知るクラシックの巨人たち―」（仮題）

■概要（目的）

豊かな感性が育つ、多感な中学生の時期に「本物の音楽」を知識としてだけではなく、臨場感ある体験として学んで欲しい。本当の文化に触れた若者の育成を目指す、授業としての音楽に留まらない人格形成に寄与する「実感型音楽教材」。

18世紀から20世紀にかけて活躍したクラシック巨匠作曲家の「人生と楽曲」をセットにした内容。クラシック音楽芸術が分かる、かつ感じられるアートとして体験できるDVD付の伝記マンガシリーズ。

伝記部分には、中学生に人気のマンガ家（＋原作者）を起用することでクラシック音楽に付き物の「敷居の高さ」を解消。作曲家の人間らしさを軸に楽曲との意味付けを行い、理解を深める。

DVDには、当代の人気指揮者と著名オーケストラによるライブ演奏を収録。聴覚＋視覚で、クラシック芸術の持つ迫力や表現力の魅力、そして観客との一体感を伝えることで、「もっと聴いてみたい」気持ちを醸成する。

■シリーズの構成
●刊行予定　2016年11月スタート（2017年より毎年5月10月発行）
●巻数　全20巻（初年度5巻／翌年度から5巻ずつ刊行し、4年で完結）
●部数　各巻初版1万部
●判型　四六判／160ページ／オール2C

- DVD　約60分×1枚（各巻によって異なる）
- 定価　2000円（税抜き）
- 各巻の詳細（初年度）

第1巻　モーツァルト
（マンガ：中山直樹／指揮者：大澤政治／楽団：スターダストフィル）

第2巻　ベートーベン
（マンガ：田中恵／指揮者：C・ルケル／楽団：カトウキネンフィル）

第3巻　バッハ
（マンガ：検討中／指揮者：検討中／楽団：検討中　以下同）

第4巻　ハイドン

第5巻　チャイコフスキー　以下続刊

中学生に対して、クラシック作曲家の人生と音楽をセットで楽しんでもらいたい、という基本線がしっかりと守られながら、分かりやすくするためにマンガで

見せるという要素（これも一つのアイデアですね）が加わったり、納得度のある価格がつくなどの作業を経て、まだ手に取ることはできないながら、より具体的な仕上がり具合を共有できるまでに、整えられています。

アイデア会議が無事終わってからも、それなりに手間のかかる作業が続くことにはなりますが、これは登山でいうなら登頂後の下山する段階。ケガなどの危険に注意しながら、チームをしっかりと麓まで導いていく。いわゆる着地をさせることもディレクターの大事な役割です。

5 ディレクターの仕事 その3 プランナーを育てる

■アイデア会議はプランナー育成道場

いいアイデアを探すためにアイデア会議を行い、その結果として得られたコア・アイデアを企画にして提案、実施をしていくという実際の業務の流れを形作っていくだけではなく、チームメンバーとして一緒に仕事をしながら、プランナーを育てていくのもディレクターのお仕事だと思います。彼、彼女が直属の部下であってもなくても、社外の人であっても。アドバイスの形をとることもあるでしょうが、やはりメインの道場はアイデア、そして企画を作っていく現場。むろんアイデア会議もその一環になるでしょう。

プランナーの幅だったり深さだったりをさらに拡げていけるように、仕事を通じてチャンスと気づきを提供していくことだと思います。

アイデア会議の現場でのプランナー育成とは、一言でいってしまえば「アイデア勝負」。毎回毎回、アイデア会議のためにプランナーにいろいろ云い換えられることで、自分の出したアイデアの可能性に気がつく。

わたし自身の経験を振り返っても、先輩後輩のプランナーとディレクターの方々に本当に鍛えてもらいました。……と今でこそすんなり感謝ですが当時は

「くそー、なんでダメなんだよ、このアイデアが!」だったり、「なんでそっちが選ばれるんだ? ディレクターの判断、わけ分からん……」だったり、自分の視界が狭いことに気づかずにまあブックサいってました(恥ずかしい限りです)。

歴史は繰り返します。人は入れ替わっても、そのサイクルは当然今日も繰り返されているわけで、ディレクターはいつでもプランナーから恨まれている(?)かわいそうな存在です。

ただ、仕事は仕事。そして人財育成の観点からも、いつまでも「いいひと」でいるわけにもいきません。やるときゃやる。ビシビシ鍛えてあげるが、本当の愛情ですよね？

アイデア会議でのワークを通じて、ディレクターとしてプランナーを鍛えるためのアプローチは大きく分けて2つあります。

① アイデアが出てくるのを待つ「手ぶらアプローチ」
② 自らもアイデアを持ち寄る「ぶつけるアプローチ」

どちらを選ぶか。これはタイプですね。「手ぶら派」ディレクターはアイデア会議の場に自分でアイデアを持ち寄ることはしません。じっと待つ。この時のアイデア会議はプランナー主導型。メンバーが云い出してくれたアイデアをベースにしながら、進めていくスタイル。

出てきたアイデアがスマッシュヒットで、1回の打ち合わせで第1ステップか

177 第4章 ディレクターにとってのアイデア会議とは？

ら第2ステップまでストーンと流れ、狙い通りに"はまった"時には何ともいえぬ爽快感。ディレクター冥利につきます。反対に外してしまうと、とにかく時間がかかる。第1ステップを何度も繰り返す羽目になります。プランナー育成の観点からすれば、第1ステップで粘り強く打ち合わせを重ねることにも意味があるのですが、その分辛抱も必要です。

したがって「手ぶらアプローチ」で行く場合には、とにかく最初のオリエンテーションが大事になります。［云い出しっぺ］の機能を100％プランナーに預けてしまうことになるからです。

一方「ぶつけるアプローチ」は、ディレクター自身もアイデアをたくさん出してプランナーを鼓舞するやり方。ディレクター兼プランナーの一人二役です。プランナーからするとやや迷惑？「くそー、負けるもんか！」。彼らはプランナーの闘争心に火をつけて引っ張っていくことになります。

こちらのアプローチを取ると、ディレクター自身にも負担がかかります。プランナーと同じように考えてアイデア会議に間に合わせなければならない。さらに

先輩プランナーとして若輩者には負けられないプレッシャーもあります。おまけにディレクターになると、プランナー以上に仕事量も多いですから時間もない。ない尽くしで追い込まれて大変です。

このタイプのディレクターが気をつけなければいけないのは**「自分のアイデアばかりを選んでしまうこと」**のリスクでしょう。ディレクターは経験豊富なベテランプランナーでもありますし、提案先の事情や過去の経緯もよく知ってますから、あまり苦労せずに「筋のいいアイデア」にたどり着きやすいのは間違いない。もちろん、アイデア会議はアイデア至上主義ですから、一番優れたアイデアが採用されるべきなんですが、ディレクターが自分の案ばかりを選んでしまっていたら「おいおい、これじゃオレたち必要ないじゃん」になってしまいますから要注意です。

プランナーなら、自分が［云い出しっぺ］をしたアイデアがコア・アイデアに選ばれ、正式に企画として提案された最初の仕事は忘れ難いものです。わたしの場合はとある公共系施設のコンセプト提案でしたが、いまだにその企画書、大事

に持っています。

またその後も手放しで面白い、とはいいにくいアイデアをクライアントに提案させてもらっていたこともあったように思います。メイン案の引き立て役だったのか複数案の一つだったとはいえ、大事なビジネスチャンスにおいて今の自分だったら引っ込めたくなるアイデアを企画にしてもらっていました。自分が云い出したり、大分云い換えた企画が、会社の名前で外に出ていくことには、嬉しさと同時にもっと頑張らなきゃ、と感じていましたから、これも当時の先輩ディレクターからの教えだったんだろうな、と思います。

■**ディレクターはファシリテーターであるべきか**

会議にファシリテーターが入って機能していると、場の雰囲気はがらりと変わります。**ファシリテート＝促進する**の意にたがわず、ファシリテーションのスキルはチームをチームとして機能させる優れたコミュニケーションを活発化させます。選択肢としてのアイデアも数多く出ることでしょう。

ただ、それはディレクター/ディレクションとは異なる機能でありスキル。ファシリテーターは、ディレクターにはなりえません。基本的にファシリテーターは強引にゴールに持ち込むことはしません。会議の中でのファシリテーターは中立な第三者的スタンスです（だから外部から招聘することも多くなります）。

会議の参加者全員から意見や考え、思いを汲み取り（一度拡散させて）、全員で理解、共有し、全員の合意形成に向かって収束させていくのが本来の役割です。つまりファシリテーター自身は判断をしません。判断するのはあくまでも参加者になります。

ここがディレクターとはまるで違うところ。一人ひとりの意見を聞く技術はディレクターにも欲しいスキルですが、結論については全員で合意する必要はない。ディレクターも対人コミュニケーション技としてのファシリテーションスキルは体得するのが望ましいけれども、ファシリテーターであってはならない。ディレクターはディレクターらしく、チームの向かう方向（正にdirection）を決めて欲しいのです。

アイデア会議の大道具・小道具

云い出し／云い換えを陰で支える裏方たち

第5章

ここまでの章で「アイデア会議」の仕組みやコンセプト、主役であるプランナーとディレクターの仕事について説明をしてきました。基本はビジネスパーソンの知的ワークですから、アイデアフルな人たちが集まらなければ始まりませんが、集まっただけでは上手くいかないのもまた事実。

アイデア会議は「紙」「机」など、すべてのオフィスに必ずある事務系の備品を大道具、小道具として使いながらチームメンバーの知的活動を支援。そしてアイデア会議の3つのゴールデンルールズ、

ルールその1　持ち寄る
ルールその2　発言と発言者とを切り離す
ルールその3　選ぶ

のスムースな運用を可能にするのです。

アイデア会議を通じて、プランナーのアタマから豊かなアイデアを最大限に引

き出してもらうために、ちょっとした工夫がスパイスとして効いてきます。すでに話の端々には登場しているスパイスたち、改めて整理をしてみましょう。普通のオフィスなら、どこにでもあるものばかりですが、使い方を変えるだけで、いつの間にやらアイデア製造工場のインフラに様変わり、です。

1 道具その1「紙」

 まずはアイデア会議に必要不可欠な超基本ツール、「紙」です。それ以上でも以下でもありませんが、これなくしてアイデア会議の開催が不可能なのは、すでにお分かりいただけたかと思います。

 アイデア会議とはアイデアスケッチが鬼のように集まる会議のことでした。会議室中に紙があふれることこそ、最高のアイデア会議です。

 基本用途は、プランナー用のアイデアスケッチ用紙。1回のアイデア会議あたり一人10枚から数十枚。おそらく描き損じもあるでしょうから、ボリュームとしてはそれ以上になります。

普段使いのコピー用紙、あるいは反古紙でよろしいかと思います。サイズはA4またはB5。それ以上大きいと机の上に収まりきらなくなってしまいます。

罫線は入ってない**無地がベター**。アイデアスケッチは紙を大きく使ってアイデアを描きますから、普通は罫線を無視して描くことになりますし、罫線があらかじめ引いてあると、どうしてもその線の幅に沿って、小さな字でスケッチを描こうとする人もいる。それじゃせっかくのビッグアイデアも小さく見えてしまって損です。白いキャンバスに夢を大きく描いて欲しいですから。

使い方は簡単でした。1枚に1案、自分のアイデアを描く。それだけです。**唯一のダメは、（描くを過ぎて）書き込みすぎること**。アイデアスケッチは、文字通りに、まだラフなスケッチ。企画書レベルの詳細な仕様やデータを記載する必要はまったくありません。というか不要。自分が考えたことの要点だけを1行、多くて数行で描くだけです。

紙を縦長に使うか横にして使うか、どちらでも構いません。自分なりのスタイルがあってもいいですし、その日の気分で変えてもまったく問題ありません。

188

プランナーによっては、自分が描いたアイデアスケッチのヘッダーやフッターにあたるスペースに"署名"を入れる人もいます。これはオレが考えたんだ！ というアピールでもあるし、シンプルに記録的な意味合いで入れる人もいるみたいです。入れる／入れないは自身で判断すればいいと思いますが、まだアイデア会議に慣れていない段階では、無記名スケッチの方がルール2「発言と発言者を切り離す」を守りやすくなるのは事実です。ディレクターからすれば、署名入りのアイデアスケッチが増えてくるのは嬉しいことではありますが、それで他の人たちが萎縮してしまうなら逆効果。チームの状態によっては名前は入れなくていいよ、と実質的な署名禁止の指示をした方がいいかもしれませんね。

悩ましいな、と思うのはアイデアスケッチを手で描くか、パソコンを使うか、の問題。正直、一長一短です。

手描きのメリットは、スピードと自由度。1枚あたり10秒もかからないで上げてしまえるのは手描きゆえのスピード感。文字の大きさを変えることも簡単です

し、アイデアスケッチにちょっとしたイラスト（ポンチ絵）や、説明用の図が入ると、アイデア理解が早まったりします。こういう工夫が好きな向きなら手描きがお勧め。パソコン上のアプリケーションが何であれ、まだ直接描いた方が早いし便利でしょう。

パソコンで作ったアイデアスケッチにも利点はいくつもあります。美しいフォントもたくさんありますし、文字だけのスケッチであっても非常に見栄えがいいです。行頭がそろってたりするのもいい感じ。整っている印象もあるし、読みやすい。また手描きに負けず劣らず、写真やイラスト（著作権フリーの素材も増えました）を簡単に貼りつけられるのも魅力ですね。当然保存性も高い。「あの時の会議ではどんなの出したっけ？」が簡単に検索できます。

このご時世、おそらくパソコン派が優勢だと想像しますが、手描きも悪くないです。あれこれ試してみて、自分にあったスタイルを、あるいは次回のアイデア会議にあった方法を使ってもらえると嬉しいですね。

- 手描き派、パソコン派どちらでも
- 大事なのはアイデアのエッセンスを描くこと

2 アイデア会議ならではの「紙の使い方」Tips

続いて、アイデアスケッチを描く時のちょっとしたヒント集。枚数がなかなか増やせなかったり、アタマの中のイメージが伝わりにくかったりでお悩みの方、参考になれば。

■A：分ける／分解する

アイデアが出てこない、アイデアスケッチの枚数をもっと増やしたい時には、これ。おそらくあなたの描いたその1枚はまだまだ抽象的すぎるのです。とりあえず2つに分割してみましょう。分けたものをさらに分解してもいいですし、2

[分ける／分解する]

```
        マニア検定試験シリーズ
       ↓                    ↓
マニア検定試験シリーズ      マニア検定試験シリーズ
  [大人編]                   [子ども編]
・お寺、お庭、ホテル、       ・虫、魚、
  骨董、インテリア etc…        動物園 etc…
```

・分解してみることで、アイデアの核心が見えてくる
・分解したことで、他のアイデアへの導火線になる

つを3つにしてもOK。アイデアとしてはやや細かくなることになりますが、それで何か問題がありますか？

■B：具体化する

　曖昧なアイデアをスケッチにすると、やはり曖昧な言葉が不用意に使われているものです。分かったようで分からない、はアイデアとして力不足。スケッチを読んだ相手にも輪郭のあるイメージ像を思い浮かべさせられるのが、優れたアイデアスケッチです。それを可能にするのが、ちょっとした言葉遣いの工夫。もっと具体的な表現を使うことで、自分と相手の脳裏に浮かぶイメージを共通のものにすることができます。

[具体化する]

・外交官がどのレベルを教えるのかで、別アイデアになる
・外交官も世界各地にいる。英語か米語か？

■C：云い換える

アイデア会議に参加するプランナーの必修技、「云い換える」。元々のアイデアがいいたかったことをできる限り尊重しながらいい回しを工夫していくアプローチが基本。もっと分かりやすいいい方、特徴を捉えたいい方はないか？　を探してください。

もしアイデア会議第1ステップの最中に「これは」のフレーズや単語が出てきたら、目の前のアイデアスケッチに描き加えてしまってもいいです。フッと浮かんだその一言を忘れないうちに紙に焼きつけてしまう方法です。接そして応用技では、大胆にアイデアの要素そのものを交換してしまいます。接ぎ木をするような感覚で、新しいアイデアを見つける技です。

・どんな"おばあちゃん"だとより引き立つのだろうか？（基本技）
・思い切ってジャンプしてみる手もある！（応用技）

■D：太いペンを使ってみる

普通に仕事をしていると、黒のボールペン（しかも細字か中字）しか使わなくなってしまうことってないでしょうか。細い線で書かれたアイデアスケッチはなぜか貧相。プランナーたるもの、アイデアの中身で勝負！　なんですが、第一印象もやっぱり大事。大きな文字だと、アイデアも大きく、自信にあふれて見えるから不思議です。ちなみに字が汚いという自覚がある人は極太ペン、あるいは角芯のペンがお勧め。ごまかせます。

[太いペンを使ってみる]

緊急出版!
ゼロから学べる
日本政治

国が破産すると
どうなるか

・目を引くスケッチは話をきいてみたくなる
・アイデアになってなくとも立派に見える…?

■E：ポンチ絵にする

アイデアスケッチの目的はただ一つ。**アイデアを伝えることだけ**です。使うことで伝わりやすくなるなら、どんどんイラストや写真も使ってください。画像の方が情報量が多いですから、言葉を10行連ねるより1枚のイラストの方が早いこともあります。

注意点が2つほど。あくまでも説明のための画像だ、ということ。「もっといい絵が欲しい」で30分もウロウロしていたのでは主客転倒です。
それから画像を貼っただけで済まそうとしないこと。アイデアはまだ現実化されていない「将来の事実」です。きちんとキャプションなり文章なりがないと、かえって誤解されます。

［ポンチ絵にする］

・企画の意図を一目瞭然にできる
・より具体的にアイデアを伝えられる

3 道具その2「机」

どこにでもあるけれど、使われていないアイデア会議の大道具、それが「机」です。「話し合う会議」や「いきなり企画会議」における机は、単なる資料置き場であり、肘置き、足癖隠し（！）の役割しか果たしていません。もったいない、といつも思います。

アイデア会議では机が大活躍。これがないと始まりません。道具としての主たる使用目的は、**アイデアスケッチが自由自在に活躍するフィールドとなること**。アイデアというプレイヤーたちが走り回るサッカーグラウンドです。サッカーフィールドとしての**絶対条件は、平らであること**。普通そうだろ、と思うなかれ。

オフィスによっては妙に立派な会議室ばかりで、大きくてもテーブルの真ん中にパソコン用の電源が収納されていたりする〝出っ張り〟がまるで山脈のようにあるものばかりで閉口することがあります。

それから広さ。多くのアイデア（B5からA4サイズ）が走り回るためには、それなりの長さと幅とが欲しい。1本が広くある必要はありません。細長い机なら何本かをくっつけて、島のカタチにすれば大丈夫です（足にキャスターがついてなかったりすると、現状復帰がちょっと面倒ですが）。

座る順番に特に決まりはありません。強いていうなら、ディレクターが真ん中。あとは自由で構いません。上座に社長、その両脇が専務に常務……なんて構図はアイデア会議には不要です。

さて、準備はできましたか？　ひょっとすると、ディレクターが選んだその会議室は、壁の塗装がはがれているような殺風景な場所なのかもしれません。しかし目の前に広がったフィールドさえあれば、たちまちにして熱狂のスタジアムに大変身。熱いアイデア会議は場所を選びません。

4 アイデア会議ならではの「机の使い方」Tips

机のセッティング自体は、アイデア会議が始まる前に終わってしまいます。ここでは実際のアイデア会議、特に第1ステップにおいて、ディレクターが机上でアイデア（スケッチ）たちをどんな風に動かしながら、アイデアを磨いていくのか、がポイントになります。

■ A：アイデアを見せる

まずは選手がグラウンドに登場、となるのがアイデアスケッチのご披露シーン。
各プランナーは持ち寄ったスケッチをみんなに見せながら簡単にアイデアを説明

します。人数と設置された机の広さとのバランスにもよりますが、5人ぐらいまでだったら、持ち寄った原紙そのものをディレクターに見せるのを周りも覗き込む、あるいはディレクターの背後や横に移動して、プランナーに見せるのがいいと思います（もちろんコピーを渡すのもありです）。プレゼンテーションではありませんから、わざわざディレクターの真向かいから説明する必要もないと思います。話が通れば（そして顔が見えれば）それでOKです。

それ以上になると、アイデアスケッチが見にくくなってしまいますから、やはりコピーを人数分用意。聞いてくれているメンバーのスピードに歩調を合わせながら、説明をしていきます。

説明が終わったアイデアスケッチはそのまま机上、あるいはディレクターの手元に残してください。プランナー全員からのご披露が終わったところで、試合開始のホイッスル。集まったアイデアスケッチが一斉にグラウンドに散開します。

［アイデアを見せる］

・さて、この中からコア・アイデアが見つかるか……？

■B‥アイデアを動かす

ディレクターは集まった**アイデアスケッチを動かしながら整理**していきます。もちろん途中で「云い換え」をしながら。アイデアスケッチが上描きされたり、新しくアイデアが誕生することもあります。その場合は誰かがササッとスケッチを描き、机の上に流してくれるとありがたい。

アイデアスケッチの動かし方は、ディレクターのお好みもありますが、似た系統のものを集めるKJ法的なやり方が多くなるのではないでしょうか。

アイデアスケッチを動かしながらグルーピングしていくことで、**アイデアが集まっているジャンルと集まっていないジャンル、層の厚い薄いが物理的に見えてきます**。あるいはまったくアイデアがない穴だらけのゾーンが発見されるかも。面的なアイデアの過不足を、視覚上でもチームの全員で共有することができるのです。

［アイデアを動かす］

・集まってきたアイデアの方向性を目視する
・「○○系」など簡単にラベリングをするケースも

■ C：アイデアをくっつける

　一つひとつのアイデアはまだ弱々しくて頼りないかもしれませんが、パートナーとペアやトリオ、カルテットを組むことで、急に力をつけることがあります。そんなアイデア同士の遭遇も机の上でなら、すぐできる。補強関係が生まれそうな2枚を近くに置いてみる。どっちを上にするとよさそうだろう？　あるいは横に置く？　そんな細かいところにまで気をつけてみると、また「云い換え」が進みます。**アイデア会議では目で考える、手で考える**。それがアタマを使うことなんです。

[アイデアをくっつける]

- 「アイデアとは既存の要素の新しい組み合わせ以外の何ものでもない」
（ジェームス・ウェブ・ヤング）

■ D : アイデアは残しておく

アイデア会議第1ステップの終了時、コア・アイデアとして予選通過が決まったものは、必ず残して、各自へコピー配布。2案目、3案目が最初の案とどのくらいの距離感なのか、プランナーは一生懸命考えるはずです。
また、その他のアイデアスケッチもまだ捨てるには早いです。1部だけ保管をしておくか、いっそのこと全員にコピーを配る。新たな価値を付加できれば、また復活もありえるからです。

[アイデアは残しておく]

・今日はスルーでも明日大ヒントになることもあります！

5 道具その3「ホワイトボード」

ホワイトボードも、会議室にあっても活用されていることが少ないオフィス備品だと思います。トレイにある黒・青・赤のペンもどれかがインク切れだったりして。しかしホワイトボードは使い勝手のある、アイデア会議でも活躍するべき大道具の一つです。

ホワイトボードは変幻自在さがその魅力。アイデアをスケッチにできる紙としての機能を持っていますし、アイデアを置いて眺めるための壁、机にもなれる。発言と発言者とを簡単に切り離してくれるツールです。ホワイトボード大好き派のわたしとしては、もっともっと使われて欲しいと思っています。

ただ、古いタイプのホワイトボードがアイデア会議にやや不向きなのは事実です。部屋の壁に据え付けになっていて、ページ送りができないタイプは、正直使いにくい。その点、自走式でも据え置きでもスクロール方式で、2画面から6画面ぐらいまで多くの面を使えるタイプはあると便利。そして、できれば画面を読み取ってプリントアウトが可能なボードだと嬉しいです。

プリントアウトができない時には撮影してしまいましょう。画面を撮って、パソコンで読み込んで印刷する。あるいはメールで送る。アイデア会議に議事録はありませんが、ボードにあることが議事録代わり。時系列になっていないじゃないか、と思われますか？ 今最終的に欲しいのはアイデア、それだけ。アイデア会議のライブな雰囲気を削り取ってしまった整った議事録は必要ない。**話のプロセスが分かればいい**、と思うのです。

誰も準備をしていなかったけれどもなぜかメンバーが揃っていて急に始まったブレーンストーミング系アイデア会議などでは、本当に威力を発揮します。個人

的にはできる限りホワイトボードがある部屋でやりたいと思っているので、会議室探しもなおざりにはできません。

6 アイデア会議ならではの「ホワイトボードの使い方」Tips

まだ日本の会議シーンでは市民権を完全に獲得したとはいえないホワイトボード。いつもフルに使っているよ、という人もまだ少ないのではないか、と思います。実は"ホワイトボード道"も非常に奥深く、本当に感嘆してしまう達人の使い手もいらっしゃるのですが、まずは誰にでもできるホワイトボード道・はじめの一歩です。

■ A :: 何を考えているのか、を明示する

アイデア会議では、アイデアスケッチを前にしながら話をしていくため、議論

が宙に浮いてしまったり、「あれ、何を話していたんだっけ?」という混乱した事態にはなりにくい構造を持っています。とはいえあまりに展開が早かったり、急に盛り上がり始めると、議論の中心が(文字通り)見えにくくなるケースもあります。

そんな時には、**キーワードをホワイトボードに書いて、マルで囲んでおく**。机の上にメモ紙を置くのと同じ狙いですが、ホワイトボードの方が視線的に上に位置するため、メンバー全員からは見やすくなるのが嬉しいところ。道を外れかかったチームもすぐに戻ってきてくれます。

[何を考えているのか]

・議論が錯綜する時には視線も錯綜する。
　全員に一度同じ方向を向かせて仕切り直し、の効果も

■B‥アイデアの速記

話の中身も物理的にも参加者全員が同じ方向を向いて議論できるのはアイデア会議の真骨頂の一つ。プランナー（字は上手でなくても問題ありません）が自分も議論に参加しながら、出てきた「云い換え」や新しいアイデアをすかさずホワイトボードに速記メモ（意味合いとしては〝速描〟です）。間違えても消すのも簡単ですから、恐れずどんどん描き込めます。模造紙だとそうもいきません。ホワイトボードの方が優れている点だと思います。

速記の方法もいろいろ。箇条書きにしていくやり方もあるし、波状に拡げる方式でもいいですね。報告書じゃないですから、その場にいるメンバーが分かればいい。描く方も気楽にチャレンジしてみてください。

218

[アイデアの速記]

・アイデア会議の議論をホワイトボードがグリップしている感覚

■C：アイデアを企画らしく詰めていく時にも非常に有効

アイデア会議も佳境に入ってくると、アイデアを詰めるために、ディテールをもっと詳しく話し合いながらアイデアの輪郭を明確にしていくことになります。ここまでいくと半分はアイデアを企画に整えていく作業に近いかも。アイデアがどんどん固まっていく流れですね。

参加メンバーがみんな一つのアイデアに集中して、どんどん意見を放り込んできますし、ディテールを語り出すと、数字や固有名詞が飛び出してきがちです。こんな時にもホワイトボードを使うと混乱なく議論を受け止められます。アイデアの速記と似たような使い方。キーポイントになる言葉をしっかり書きつけていきます。うまくまとめられたら、ボードのプリントアウトがそのまま次のアクションプラン、アイデアを企画に落とし込むためのチェックリストになる。時間節約にもなりますし、一石二鳥といったところでしょうか。

[アイデアを詰める]

・すでに企画書作成作業も兼ねているような状態に

終章 「チームでアイデアを考える力」を日本中に!
　　　　仕組みがあれば、誰にでもできること

■アイデア、が軽視されていないか?

「アイデアを考える」とは何をどうすることなのか、アタマをどう使えばいいのか。その「やり方」って誰からもちゃんと教わったことがなかった気がします。考えるための基礎体力をつけるトレーニングは今までもありました。読書をする、文章を書く、計算をする。いわゆる「読み書きそろばん」は、人間が「考える」という知的ワークをするために必要な土台だと思います。

そして考えるための土台はしっかりしているから、と考える機会だけは何度も与えられたものの、「アイデアを考える」ことのやり方は体得するまでには至ら

ずに年月が経ってしまい、もう自分がそれほど考えなくても次の人たちへバトンタッチできちゃった、というのがこれまでの大勢だったのでないでしょうか。

天賦の才を持っているスーパーマン＆ウーマンを除いて、「アイデアの考え方」を知っているのは、がむしゃらに考えまくってカラダで覚えることができた人（いわゆるアイデアパーソン）、アイデアを考えざるをえない組織の中にいたがゆえに、一子相伝の伝統工芸を伝承するように体得することになった人（R&Dに強い組織や広告会社などはこの範疇になるでしょう）、そのどちらかだけだったのではないだろうか、と思っています。

ましてや個人で考えるのならまだしも、チームでアイデアを考える方法は顕在化していなかった。アイデア力ある組織の実態も、一人のアイデアパーソンが組織全体をリードしているに過ぎないケースも多かったに違いない、と勝手ながら想像しています。

繰り返しになりますが、**どんなアイデアパーソンであっても個人で考えつくことには限界がある。それを乗り越えられるのはアイデアパーソンが集まって、チ**

ームとしてワークをした時だけです。

視点を変えると「アイデアの考え方」を学び、自分で使えるようにすることは個人にゆだねられ過ぎていたのだ、と云い換えられるでしょう。いわんやチームでのワークによってアイデアを作る方法にいたっては。でもそれは「**能力が無いからできないのではなくて、やり方を知らないからできない**」なんだと思うのです。

行動科学マネジメントの実践的研究者である石田淳さんは「**行動のレパートリー**」というコンセプトを提示されています。ある行動ができない人が「その行動を知らないからできないだけ」なのであれば、必要な行動のやり方を教えてあげればいい。しかし一連の行動を一気に覚えるのは困難だから、行動のレパートリーに細分化しよう。そして分解されたパーツを再構成した形で教えてあげれば誰にでも（ある程度までは）できるようになる、という非常に実践的なマネジメントメソッドです。

ああ、これだ！　と思いました。「チームでやるアイデアの考え方」を行動のレパートリーに分解できれば誰もが共有可能になるんだ！　そのやり方をみんなが知り、体得することで世の中もっともっと楽しくなるんじゃないの？　それがこの本の出発点となるアイデアでした。

■日本をアイデア大国にしたい！

アイデア会議のメンバーであるプランナーとディレクターにとって、アイデアを考えることは試合のようなもの。当然ながら同じ試合はないわけで、課題は一つとして同じことはありません。従ってプランナーは毎日のように、ああでもない、こうでもない、とアタマをぐるぐる回して必死になって考えます。

アイデアを考えるって、とっても人間くさい作業なんだな、とつくづく思います。高度情報化社会といわれる中、メディアの発展は目覚ましく、情報量は増大する一方です。

だからといって、わたしたちが考えるアイデアはどうか。入ってくる情報の新しさとリンクする形でアイデアも新しくなっているはずですが、アウトプットのボリュームやクオリティは、もしかしたらそれほど変わっていないのかもしれないな、と感じています。

アイデアを出していくという技は、数をこなしていくうちに、気がついたらレベルが徐々に上がっていくもの。じっくり時間をかけることが可能なら、スポーツと同じで練習と実戦の経験を積むにつれ、プロフェッショナルとしてそれなりにはなるものだと思います。ただ、のんびりと待ってくれない世の中になってしまったのもまた事実。プランナーとして、あるいはディレクターとしての**技をスピードよく上げていくためには、そのための環境が必要だ**、ということでしょう。

くためには、そしてその技を使いこなせる人財を増やしてい

・そ・れ・を・実・現・す・る・た・め・の・「仕・組・み・」があるかどうか。それが今問われている。

この本の中で提唱させてもらった「アイデア会議」なる手法が100％の人に

とって馴染むかどうかは分かりませんし、他のやり方もきっとあると思います。方法はどうでもいいんです。いつまでたってもアイデアを考えることは簡単ではないですが、企画やアイデアを考えなければならない状況に置かれた人たちが無用な苦労や遠回りをせずに、目指すアイデアにたどり着けるための知識を持ち、技をカラダとアタマで覚えているようになってくれれば。

大げさですが、チームでアイデアを考える方法が秘められた奥義から普通の社会資本となり、常識の一つになったら本当に素晴らしいことじゃないでしょうか。

その結果がどうなるか？　スーパーアイデアパーソンはそんなに増えないかもしれません。でもそれはそれでいいじゃないか、と。ちょっと話が飛びますが、日本やヨーロッパの国々が掲げる「スポーツ大国構想」って、一部の超エリートだけが強くて各種大会でトロフィーやメダルを取りまくる国のことではないはずです。それも結果としてはあるけれど、国民全体のスポーツ度が高くなることが理想像でしょう。真似をさせてもらえば、日本が平均値の高いアイデア大国になったらいいな、と思っています。そしてそのアイデア力をいずれは他の国の人た

ちとも共有したい……ちょっと夢が大きすぎるでしょうか？

さあ、まずはわたしたちから。今日からアイデア会議を始めませんか？

あとがき（感謝のことば）

会議、というといつでも思い出すシーンがあります。1998年頃だったか、有楽町で行われていた国際会議を見物したことがありました。テーマは都市問題。その頃はまだ「サスティナビリティ」とか「持続可能な成長」なんて気の利いた言葉は一般化していませんでしたが、人口が集積する都市が抱える問題を、経済や政治との関係性の中でどうやって解決していくのかを議論するプログラムでした。

最初は「うわー国際会議だぁ」ぐらいでキョロキョロしていただけだったのですが、1時間ぐらい会場内をブラブラしていて、急に会議プログラムの構成意図に気がつきました。

ゴミ処理、交通、人口問題などいくつかの小テーマにわかれていて、それぞれの会議室では各都市が独自に取り組んで成果のあった方法を議論し、分科会のまとめとして集約。その方法が国を問わず通用するのかどうかを議論し、分科会のまとめとして集約。集約した結果をさらに上位の会議に上げていきながら最終的な提言として取りまとめていく流れを実感できました。

その時初めて、**プログラムという言葉／概念**が、単なる議論の順番を示すアジェンダではなく会議に参集した都市が**チームとなって成果を出すための企画・構成であること**を発見した次第でした（そのことにビックリして、全体の結論はすっかり忘れてしまいました）。

個別参加都市→分科会→全体会……の集積を積み重ねながらアイデアや成果を報告しあって、普遍的なアイデアへ鍛え上げ、みんなで共有できる企画に仕上げていく「仕組み」なんだ、と。

つまり**会議とは「学びの場」**でもある。

ただ報告を聞いているだけではなく、報告に含まれている自分にとって新しい行動や価値を、議論を通じて取り込んでいく。個人であれ、組織であれ、さらには国といったスケールのものでも、その「仕組み」は一緒です。

会議、というものが持つ「仕組み」の価値についての（自分にとっては）衝撃的な気づきが、今ページを広げていただいている『アイデア会議』の源流の一つになっています。

最後に『考具』と『アイデア会議』との関係はどうなの、ということについて。この両者をつないでくれたのが「ワークショップ考具」でした。もともとは実際に考具をつかってアイデア・企画を考える研修をして欲しいというオファーがあって、作ってみた1日がかりのプログラム。ご縁があって数多くの皆さんと一緒にいろんなアイデアと企画とを考えてきました。

その繰り返しの中でふと気づきをもらいました。参加してくださった方々は2つに分かれる。自分がアイデアを出さなければいけないプランナーと、チームの

リーダーであるディレクター的立場の方がいるんだ、ということ。「ワークショップ考具」は、基本的には一人で作業をするワークショップだったのですが、回数を重ねるうちに個人のワークと、チームのワークとの接点が自分の中で焦点を結んできた実感がありました。ワークショップのコンテンツであれやこれやと話していたことをまとめたら、『アイデア会議』のコンテンツになっていた感じです。

「アイデアと企画とを分ける」「アイデアとは既存の要素の新しい組み合わせにしか過ぎない」「アイデアは多くの選択肢から選ぶものである」。基本に流れる考え方は変わりません。多分に重なり合う部分もありますが、大きく分ければプランナーのために『考具』、ディレクターには『アイデア会議』がある、といえるでしょう。

でも最終的にはどんな方法であろうと「面白くて筋のいいアイデア入りの企画」が生まれればよいわけなので、『考具』にしても『アイデア会議』にしても、あくまでもご参考まで、です。何らかのお役に立てばこれ幸い。

ただ、と『考具』のあとがきで使ったフレーズを繰り返してしまいますが、あなたの最大の問題は「読んで、分かって、やらないこと」。手を動かした者だけが素敵なアイデアを手に入れることができるのです。

……と記したのが２００６年でした。今またこうして再刊されることに深く感謝です。１０年以上が経っています。当時は「スマートフォン」「ＳＮＳ」なんて存在していませんでした。でも世の中がどんなにデジタル化しても、アイデアを出す、そしてよいアイデアを求めていくプロセス自体には大きな変化はない、と改めて思います。

原稿を見直すにあたり、どこまで手を入れるべきなのか、一度は世に問うた内容なんだから、あんまり変えない方がいいんじゃないか……など二転三転した結果がこうしてまとまった次第です。なお、当時と今回とで版元さんが変わっていますが、本文中に使用したアイデアスケッチや素材は往時のママです。

順不同ですが、2006年と2017年と、みなさまのおかげです。永井さん、丘村さん、佐藤さん、山田さん、鈴木さん、山田さん改め根本さん、星野さん、鶴田さん、轡田さん、坪井さん、鬼塚さん。ありがとうございます。

そして、今このあとがきを読んでくださっているみなさん。拙著が少しでもみなさまのお役に立てば嬉しい限りです。

二〇一六年一二月

加藤昌治

引用・参考文献

『アイデアのつくり方』(ジェームス・W・ヤング著／今井茂雄訳／CCCメディアハウス)

『アイデアのヒント』(ジャック・フォスター著／青島淑子訳／CCCメディアハウス)

『アイデアマンのつくり方』(ジャック・フォスター著／青島淑子訳／阪急コミュニケーションズ)

『イノベーションの達人！ 発想する会社をつくる10の人材』(トム・ケリー&ジョナサン・リットマン著／鈴木主税訳／早川書房)

『会議革命』(齋藤孝著／PHP研究所)

『考具』(加藤昌治著／CCCメディアハウス)

『アイデアはどこからやってくるのか――考具 基礎編』(加藤昌治著／CCCメディアハウス)

『ザ・ファシリテーター』(森時彦著／ダイヤモンド社)

『ザ・マインドマップ』(トニー・ブザン&バリー・ブザン著／神田昌典訳／ダイヤモンド社)

『スウェーデン式アイデア・ブック』(フレドリック・ヘレーン著／中妻美奈子監訳／鍋野和美訳／ダイヤモンド社)

『鉄則！企画書は「1枚」にまとめよ』(パトリック・G・ライリー著／池村千秋訳／CCCメディアハウス)

『発想する会社！』(トム・ケリー&ジョナサン・リットマン著／鈴木主税訳／早川書房)

『発想法』『続・発想法』(川喜田二郎著／中央公論社)

『パワポ使いへの警告』(榊原廣著／講談社)

『ひらがな思考術』(関沢英彦著／ポプラ社)

『リーダーのためのとっておきのスキル』(石田淳著／フォレスト出版)

『わかる！ビジネス・ワークショップ』(博報堂HOWプロジェクト著／PHP研究所)

本書は二〇〇六年に大和書房から刊行された『アイデア会議』に加筆・修正して改題したものです。

この本には「質疑応答の時間」があります。

読んでいる途中で「**ここをもっと聞きたい**」と思った方、たくさんいらっしゃると思います。聞きたいこともひとつとは限らないかもしれません。全部、わたしに質問してください！
http://coquets.jp/ [**考具Web**]の中でお応えします！
どんな小さなコトでもかまいません。

[e-mail: **hon@cccmh.co.jp**]

- ■ お名前と宛名（「考具」係）を忘れずに。
- ■ よろしければご連絡先も。
- ■ 思いついたら何度でも。疑問が浮かんだらその度にどうぞ。

加藤昌治（かとう・まさはる）

1994年、大手広告会社入社。情報環境の改善を通じてクライアントのブランド価値を高めることをミッションとし、マーケティングとマネジメントの両面から課題解決を実現する情報戦略・企画を立案、実施する毎日。著書に『考具』『アイデアはどこからやってくるのか──考具 基礎編』（CCCメディアハウス）、『発想法の使い方』（日本経済新聞出版社）など。

チームで考える「アイデア会議」
考具 応用編

2017年3月13日　初版発行

著　　者── 加藤昌治
発 行 者── 小林圭太
発 行 所── 株式会社ＣＣＣメディアハウス
　　　　　〒153-8541　東京都目黒区目黒1丁目24番12号
　　　　　電話　販売（03）5436-5721
　　　　　　　　編集（03）5436-5735
　　　　　http://books.cccmh.co.jp

印刷・製本── 慶昌堂印刷株式会社

©Masaharu Kato, 2017
ISBN978-4-484-17203-3
Printed in Japan
落丁・乱丁本はお取替えいたします。

著者好評既刊
「考具」シリーズ

考具

考えるための道具、持っていますか？簡単にアイデアが集まる！拡がる！企画としてカタチになる！そんなツールの使い方、教えます。

● 定価：本体1500円
ISBN978-4-484-03205-4

アイデアはどこからやってくるのか
考具 基礎編

ベストセラー『考具』の著者が伝授する、アイデアが湧き出すアタマとカラダのつくり方。この本があなたの発想力のサポーターになります。

● 定価：本体1500円
ISBN978-4-484-17204-0